ちくま文庫

奴隷のしつけ方

マルクス・シドニウス・ファルクス
ジェリー・トナー 解説
橘明美 訳

筑摩書房

ローマ市内地図

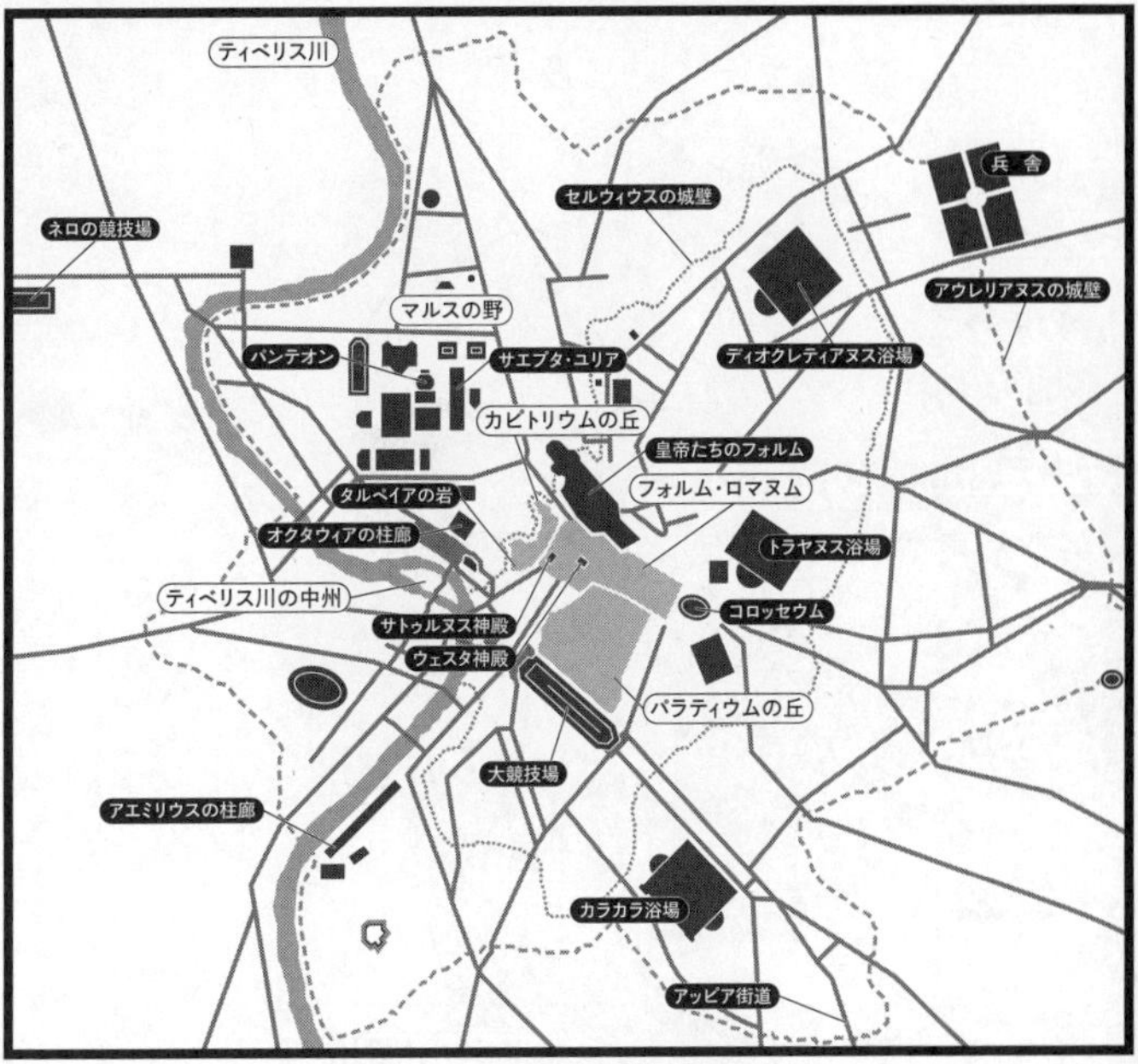

マルスの野は、西をティベリス川に、南をカピトリウムの丘に囲まれた地域をさす。

ローマ帝国地図

ダキア属州
イリリウム地方
黒海
トラキア属州
ビテュニア属州
アジア地方
ニュッサ
ペルシャ
アパメア
シリア属州
ユダヤ属州
デルフォイ
エルサレム
アラビア属州
エジプト属州
エチオピア

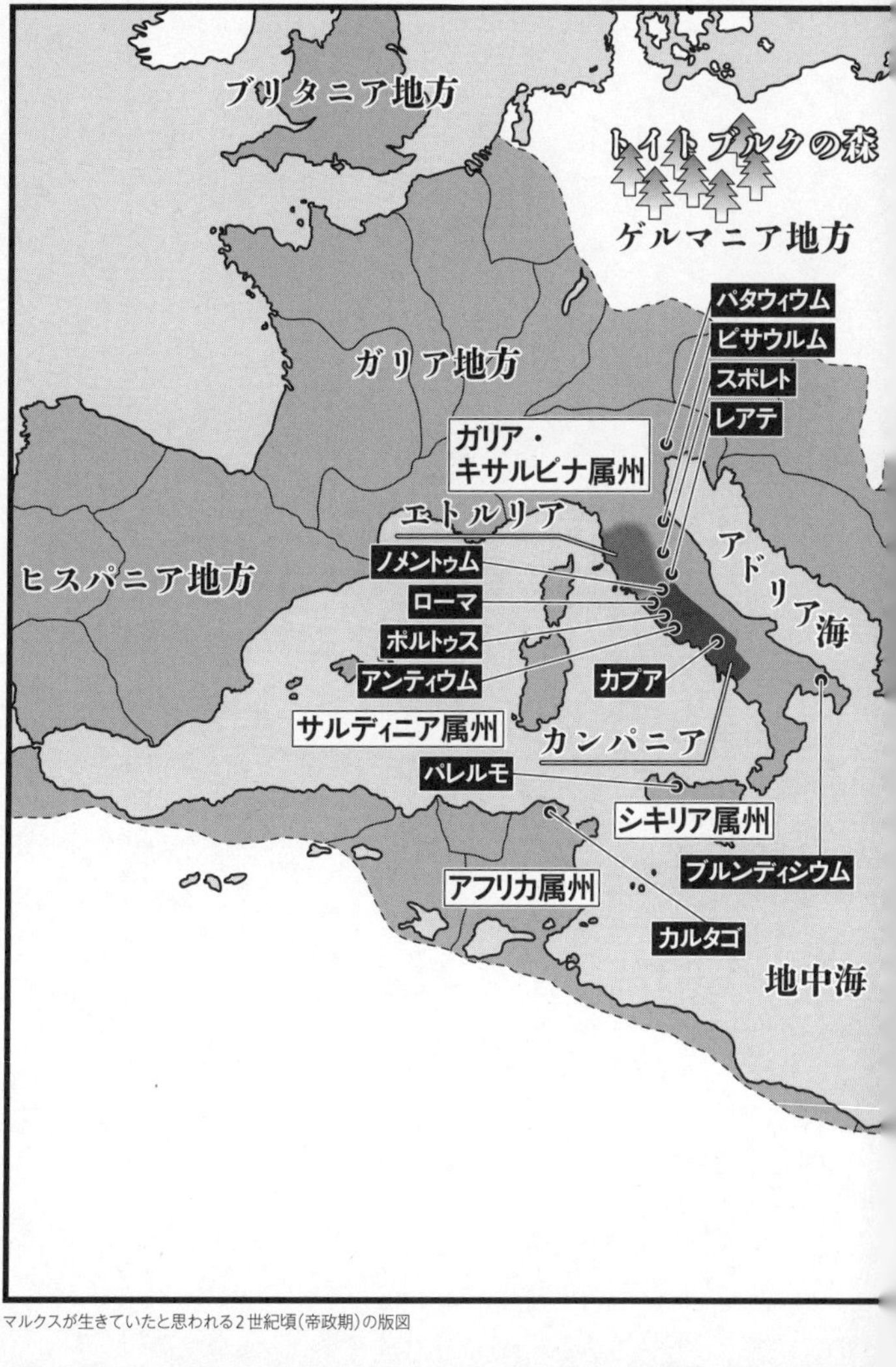

マルクスが生きていたと思われる2世紀頃(帝政期)の版図

HOW TO MANAGE YOUR SLAVES
by Marcus Sidonius Falx with Jerry Toner

Japanese translation rights arranged with Profile Books Limited
c/o Andrew Nurnberg Associates Ltd., London
through Tuttle-Mori Agency,Inc., Tokyo

奴隷のしつけ方

著者挨拶

わたしは名をマルクス・シドニウス・ファルクスという。貴族の生まれで、高祖父は執政官を務め、その母は元老院議員の血を引いていた。「ファルクス」とは鎌のように反り返った刀剣を意味し、何事もあきらめない不屈の精神に対して与えられた家名である。わたしは第六軍団フェッラタに五年間属し、主としてあの厄介なオリエントの諸部族に対する軍事作戦に参加し、武勲を立てた。そののちローマに戻り、以来個人的な事業を運営するとともに、カンパニアとアフリカ属州にある所領を管理している。わが一族は何世代にもわたって多くの奴隷を所有してきたので、奴隷の扱いについてわたしが知らぬことなどない。

しかしこの本については、ローマのことを知らない読者も想定することとなったため、ジェリー・トナーなる男の手を借りざるをえなかった。この男は北方の不毛な属州の一つで教師をしているそうで、ローマ人のものの考え方が少しはわかるようだ。だがそれを素直に受け入れているわけではなく、意見が合うのはほんの一部だけである。実のところ、奴隷でもないのにこれほど軟弱な男は見たことがない。一度も戦場に出たことがないというし、酒にも弱く、水で薄めたワインを小さいアンフォラ一杯分飲み干すこともできない。しかも、自ら赤ん坊の尻を拭くといったみっともない真似をする。そんなことは奴隷か女どもの仕事だというのに。ところがこの男、何とも幸運なことに、この上なく美しく、賢い女性を妻にしているのだ（女にしては考え方が進歩的すぎるきらいがあるが）。とにかくそのジェリー・トナーが助言をくれ、解説も添えてくれたおかげで、未開の民にもわかりやすい本になった。彼の助けには大いに感謝している。

喜ばしいことに、このたびはるか東方の日本という国で、人々がより手にとりやすい「文庫」なる版も出ることになった。この本の評判が高いからだそうだが、かの国の奴隷制も長い歴史をもつと聞いているし、わたしの経験から学びたいという日本人が多いのは当然のことだろう。ローマでは奴隷を石臼につないで粉を挽かせるが、かの国ではなんと机につなぐそうだ。だがそれでは小麦よりむしろ奴隷の精神が挽かれて摩耗してしまい、仕事の効率が上がらないらしい。だとすればローマから学ぶべきことが大いにあるはずだ。文庫版の刊行とともに、より多くの日本人が奴隷管理法を学び、仕事の効率改善に役立ててくれるなら、著者としてこれに勝る喜びはない。

西暦×××年二月一〇日、ローマにて

マルクス・シドニウス・ファルクス

解説者挨拶

マルクス・シドニウス・ファルクスが実在したかどうかについては、学術的に疑問があるとおっしゃる方もあるかもしれません。しかし、マルクスが語っている内容そのものは安心してお読みいただけるでしょう。これはまさに古代ローマ人の目から見た奴隷管理法です。奴隷制は古代ローマの全時代を通して社会の基盤でした。あまりにも当然のものだったので、そんなものはいらないという人はいませんでした。奴隷を所有することは、現代のウィルトシャー〔イングランド南部〕の人々が保守党に、ハムステッド〔ロンドン郊外〕の人々が労働党に投票するのと同じくらい普通のことでした。残念ながら、奴隷たち自身がどう思っていたかは記録に残されていません。当時の人々にとってそれはどうでもいいことだったからです。一方、主人であるローマ人が奴隷のことをどう考えていたかについてはかなりのことがわかっています。マルクスが述べている内容も、基本的には古代ローマ時代のテクストとして今日に伝えられたものです。ただし古いテクストのなかには出典がわからないものもありますし、解釈も難解です。ですからマルクスもそのまま踏襲するのではなく、彼なりに単純化したりまとめ直したりしています。そのおかげで、この本は大変わかりやすいローマ式奴隷管理マニュアルとなりました。いうまでもありませんが、刊行の手助けをしたからといって、わたしが奴隷についてマルクスと同じ考え方をもっているとは思わないでください。

　正直なところ、マルクスは一緒に仕事をするにはいささか疲れる相手でした。彼の見解には受け入れがたい部分が多い上に、こちらが間違いや不道徳性を指摘しても頑として譲らないのです。それでも、古代ローマ人としてはかなり穏当なほうではないでしょうか。いずれにせよ、マルクスの語りに耳を傾ければ古代ローマ世界の現実が見えてきますし、わかっているつもりでいたのに、思いがけず驚かされることも少なくありません。また奴隷制が複雑なものだったこともわかってきます。

　マルクスは自分が何年生まれの何歳なのかを教えてくれませんでした。記述を見ても数世紀にわたる思想や見解が取り込まれていて、正確にどの時期を生きた貴族なのかはっきりしません。とはいえ、内容の大半は紀元後一世紀および二世紀の帝政期のものと考えられます。なお、各章の末尾に短い解説を入れたのは、若干の背景説明が必要だと思ったからですが、ついでにマルクスの古臭い面に少々けちをつけさせてもらいました（ある意味ではわたしの評判を落とさないために）。また、もっと深く知りたいと思われる方のために巻末に主要な文献も挙げておきましたので、参考になさってください。


二〇一四年四月、ケンブリッジにて　　　　ジェリー・トナー

奴隷のしつけ方

目次

装画　ヤマザキマリ
装丁　木庭貴信＋川名亜実（オクターヴ）

序文

主人であれ

数カ月前のこと、郊外のわたしの別荘である出来事があった。ちょっとしたことなのだが、わたしにはひどく意外で、しかも示唆に富んでいて、実はそれがきっかけでこの本を書くことになったのだ。

その日、わたしはゲルマン部族の一つであるアラン族〔実際はイラン系だが、当時はゲルマン系とされていた〕の客を別荘に招いていた。ローマ貴族が野蛮人を招くとはどういうことかと不思議に思われるかもしれないが、その客はただの野蛮人ではなく、族長の息子で、ローマ皇帝への使者として派遣されてきていた。皇帝陛下はズボンの効用といった〔ズボンはもともとローマにはなく、ゲルマン民族から普及した〕野蛮人にも通じるつまらない話題を探すのに疲れ、その使者が〝わが国〟と呼ぶ陰気な湿地帯に帰るまでわたしの別荘に泊めるようにと命じられた。

そんなわけで、わたしはその客人を別荘に迎え入れた。そして、裏手の庭を見せて回りながら、蛮族でもわかるような平易なラテン語で彫像の説明をしていたとき、その出来事が起きた。わたしは神話の英雄たちの話をしながら彫像ばかり見ていたので、道に小さい鍬が落ちていたのに気づかなかった。それでうっかり刃を踏んでしまい、木の柄が跳ね上がって向こう脛を打ち、それがあまりにも痛かったのでわたしは思わず叫び、片脚で跳ねた。するとあろうことか、近くにいた奴隷がこちらを見てにやにや笑ったのだ。奴隷ごときが、そもそも言葉を話す道具にすぎない奴隷が、主の失態を笑うとは何たることか！　しかも鍬を放り出しておいたのはその奴隷だったので、わたしは頭にきて管理人を呼んだ。

「こいつは脚を痛めることが面白いと思っているようだから、脚を折ってやって思う存分笑わせてやれ」

奴隷は青ざめ、例によって哀れな声で許しを請いはじめた。だが管理人はそれを無視し、屈強な男を二人呼んで奴隷を引きずり倒させ、もう一人の男に鉄棒をもってこさせた。そしてその男が鉄棒を振り上げたまさにそのとき、蛮族の客人が「おやめください！」と叫んだのだ。

振り向くと、客は硫黄で漂白したばかりのトーガ〔一枚布の上着で、ローマ市民の正装〕のように血の気をなくしていた。

「いかがされた？」

相手が答えないので、さらに訊いた。

「奴隷の扱いはあなたの国でも同じでしょう」

すると意外な答えが返ってきた。

「いや、わが国に奴隷はおりません」

奴隷がいない？　そんなばかな！　奴隷なしでどうやって社会が機能するのだ？　奴隷がいないとしたら、最下層の自由人でも嫌がるような仕事をいったい誰がやる？　戦争で捕虜にした連中をどうするのだ？　富を誇示するのに何を使うのだ？　などと疑問が次々と浮かんできて、その答えを探しているうちに怒りも少し収まった。

「お許しください、ご主人さま、どうか……」。奴隷は涙声になっている。

「ああ、もういい……」

わたしは命令を取り消し、管理人には軽い鞭打ちですませるようにいった。いや、わかっている。そんなことでは手ぬるい。だが、最近の多くの奴隷所有者のように、些細なことで残酷な処罰をするのもいかがなものか。何事も急いてはならない。行動に移る前に一〇まで数えて気を静め、冷静に判断するにこしたことはない。

当惑顔の客人を連れて館へ戻る途中、ふと、奴隷に慣れていないのは何もアラン族にかぎらないのではないかと思った。そうだ、今や低俗な平等主義に毒された人間が巷にあふれているのだから、身分が下の者をどう扱うべきかわからない人間も増えているにちがいない。そこでわたしは、誰もが下の者を手際よく管理できるように、奴隷管理に関する基本的な考えを書き出してみようと思った。

そうだ、これはとても重要なことだ。権力と富によって身分が下の者を管理する立場にある人間は、人材管理、人材育成の助けとなるさまざまな事柄を心得ていなければならない。今日の権力者は、彼らの大望のために喜んで仕える者たちを十分活用できていないことが多く、そのことにわたしは常々驚かされてきた。活用するどころか、彼らは忠誠心を疑う必要のない相手の機嫌をとろうとし、最下層の奴隷にまで媚びようとする。一度など、ある大物政治家が路上の物売りの女にちょっとものを頼むのに、にっこり微笑みかけるのを目にしたことさえある。というわけで、わたしは奮起して奴隷管理法を本にまとめた。この本をじっくり読めば、社会の最下層にいる者たちをどう扱えばいいのかわかるし、その知識はあなた自身の出世の役にも立つ。しっかりした奴隷管理はファミリア〔家長の支配下にある自由人と奴隷〕全体を主人の望むほうに向かわせる。またこの本には人を動かすためのヒントがちりばめられているので、いずれあなたが多くの人間を動かすようになったとき助けになるだろうし、ひいては出世のための確かな権力基盤を築くことにもつながるだろう。一目置かれる家長でありたいなら、あるいは社会でリーダーシップを発揮したいと思っているなら、ぜひともこの本を参考にしてほしい。

主人とは、学んでなるものだとわたしは信じている。つまり主人であることは一つの技能だと思う。その証拠に、家を切り盛りし奴隷を監督するには、より広い社会で指導者になるのと同じような能力が求められる。これには反論もあるだろう。主人は生まれながらに主人なのか、それとも違うのかという議論には明確な決着がついたわけではない。ギリシャには、人は本性において互いに異なると論じる人々がいた。彼らは手仕事や肉体労働をする人間は生まれつき卑しく、より優れた本性をもつ人間の管理下に置かれたほうがいいという。ほかの誰かに所属することができる人間は本質的に奴隷であり、だからこそ誰かに所属するのだという理屈である。創造の女神は自由人の肉体と精神を奴隷と同じようには作らなかったのであり、それが女神の意図するところなのは明らかだと彼らはいう。奴隷は体が丈夫で、肉体労働に向いているが、その精神は、筋道を立てて物事を考えることに向いていない。反対に、自由人の体はまっすぐ立つようにできていて、屈んでする仕事には向いていないが、その精神は堅固で、知力に富む。したがって自由人は政治上軍事上を問わず、共同体の構成員となるのに適している。無論、創造の女神も時には間違える。奴隷が自由人の肉体をもつこともあるし、自由人が奴隷の肉体をもつこともある。しかし全体的に見れば、創造の女神は自由人と奴隷を区別しており、それぞれの運命に適した本性を授けるものだとギリシャ人は考えた。

しかしローマ人の多くはそうは思っていない。人間が他の人間を自由にできるというのは自然に反する考え方だと思っている。ローマという大帝国を支配してきたわれわれ自身、実はその多くが奴隷の子孫であることを思えば、奴隷は本性として奴隷だなどというのはばかげている。ローマの思想家たちは、人間が別の人間を奴隷として所有するようになったのは一つの社会慣習にすぎないといっている。自由人と奴隷のあいだに生まれながらの違いなどない。そこにあるのは力の行使に基づいた不公平でしかない。現に、過去を振り返れば、危機の際に多くの奴隷が勇気ある気高い行動をとり、すべての奴隷が生まれながらにして卑しいわけではないことを示してきた。つまり、奴隷は生まれながらに奴隷なのではない。だとしたら主人も同じことである。主人は生まれながらに主人なのではなく、主人たることを学んで主人になるのだ！

ローマは奴隷であふれている。イタリア半島の居住者の三、四人に一人は奴隷だと聞いたことがある。帝国全体を見れば、わが国の総人口は優に六〇〇〇万、あるいは七〇〇〇万にも達するだろうが、その八人に一人程度が奴隷ではないだろうか。しかも奴隷は農村地帯だけにいるわけではない。首都ローマにも奴隷があふれ、あらゆる活動を担っている。この都の人口は一〇〇万人ほどになるようだが、少なくともその三分の一は奴隷だといわれている。もちろん正確な人数はわからない。この種の推計は人々が想像をたくましくした結果の寄せ集めであって、当て推量に毛が生えた程度のものでしかない。だがそれでも、この国にとって奴隷がどれほど重要な位置を占めているかは明らかだ。すなわち、奴隷なくしてローマは成り立たない。

ではなぜこうなったのだろうか。われわれはなぜ、自由身分の労働者ではなく奴隷を使っているのか。その点を説明させていただこう。共和政の時代に、ローマ人はイタリアのどこかの地方を征服するたびに、その土地の一部を自分たちのものとし、ローマ人の入植者を送り込んで守備隊駐屯都市を築いた。しかし征服戦争の際には農地の所有者が殺されたり逃げたりするので、あとには耕す人のいない土地が残される。そしてそのほとんどは手つかずのままとなる。そこで元老院は、空いている土地を耕したい者がいれば誰であろうと、毎年穀物の収穫の一〇パーセント、果実の収穫の二〇パーセントを国に納めることを条件に、土地の所有を許すと宣言した。元老院はイタリア半島内に勤勉な農民を増やすことによって、諸都市の食料の確保と、戦時の兵員確保の両方を狙ったのである。

たしかに狙いはよかった。ところが蓋を開けてみると、狙いとはまったく異なる結果が待っていた。土地のほとんどを富裕層が手に入れてしまったのだ。しかもこの人々は、しばらく様子を見て誰も土地を取り上げようとしないのがわかると、まだ残っていた周辺の小地主から少しずつ農地を買い足して、じわじわと所有地を広げていった。小地主はだいたいが貧しい農民で、大地主となった隣人に対して無力だったし、売却を断れば暴力で無理やり奪われることもあった。また農民自身が戦地に駆り出されて農地を離れていることも多く、抵抗しようにもその方法がなかった。こうして少しずつ普通の農地が減り、代わりに富裕層の私有地が広がっていった。しかもこの新たな大土地所有者たちは、買い上げた農地を元の持ち主である農民に耕させたわけでもなければ、ほかから自由農民を雇ってきて耕させたわけでもなく、奴隷を買ってきて農作業をさせたのである。なぜかというと、奴隷は兵役に駆り出される心配がないからだ。戦争が多かったので、自由人であればいずれ戦に行くことになるのは目に見えていた。兵役はあくまでも自由人の義務であって、信頼できない奴隷を軍に入れることなど考えられもしなかったのだから。また、実際に奴隷を使いはじめてみると、兵役以外にももう一つ利点があることがわかった。奴隷はたくさん子供を産むので、主人にとって大いに利益になるという点である。この二つの利点によって大土地所有者はますます豊かになり、同時に奴隷人口も急増した。逆に、イタリア半島の自由人の人口は少なくなり、そのなかの貧しい人々は長い兵役と税に圧迫されてますます貧しくなっていった。つかの間兵役から解放されたとしても、仕事がないので稼ぎようがない。土地はほとんど大土地所有者に押さえられ、そこでは自由人ではなく奴隷が働いていたのだから。

当然のことながら、元老院とローマ市民は次第に不安を抱きはじめた。このままでは兵が足りなくなるのではないか。あるいは増えすぎた奴隷たちが主人を襲うのではないかといった不安である。しかしそう思ったときにはすでに数世代を経ていたので、大土地所有者から土地を取り上げるのは現実的にも法的にも難しくなっていた。数世代受け継がれた土地を奪うのは容易ではない。祖父が植えた木をその孫から奪うことなどできるだろうか？　それでも一部の護民官〔平民の身体・財産を保護する官職〕が新法を導入して土地の所有を制限しようとし、大土地所有者に一定の割合で自由農民を雇わせようとしたが、案の定無視されてしまった。奴隷の脅威という意味では、奴隷の増加に伴って自由農民の居場所がなくなることも深刻な問題だった。何しろ自由農民こそが兵力であり、兵力が縮小すればローマも衰退してしまう。そこで元老院は自由農民にどうにか農地を維持させるために、二一歳以上四〇歳未満の男がイタリア半島の外で兵役につく場合、その期間が一度に三年を超えることはないと法で定めた。

以上はありがたいことに過去の話である。今日では職業軍人が軍を支えているし、奴隷の大規模な反乱もはるか昔の話になっているので、奴隷所有者は自分のファミリアの管理のことだけ心配していればいい。わたしの場合は父がすることを見て奴隷の管理法を習い覚えた。子供のころから奴隷に囲まれて育ってきたし、彼らに命令することも自然に身につけた。「マントをもってこい」、「手を洗ってくれ」、「朝食を用意しろ」といった命令が、わたしの日々の暮らしにリズムを刻むものとなった。父は未熟なわたしに、もっとも反抗的な奴隷からも一目置かれる主人とはどういうものかを教えてくれた。

家は社会の基盤であり、ひいては人類の基盤である。家が生活の基礎を支えてくれなければ文明的な暮らしなど成り立たない。だが奴隷がいなければ家はただの建物になってしまう。ファミリアのなかには妻や子供たちもいて、彼らも家を支えているが、ほとんどの仕事をこなしているのは奴隷である。そうした仕事に外部の手を借りなければならないとしたら、主人の苦労は大変なものになるし、家の恥でもある。改めて書くまでもないが、外から請負人を呼んできて家のなかの仕事をさせるのは実に厄介である。指示された時間に来ないし、勝手に料金を釣り上げるし、仕事への思い入れがないので結果が雑だ。しかし家内奴隷なら、どんな仕事でもこちらの望み通りの仕上がりになる。つまり奴隷は家という単位を有意義なものにするのであり、そうなったものがすなわちファミリアなのだ。

ファミリアは国の縮図のようなもので、そこにはその家ならではの構造、序列、指導者、共同体意識がある。夫と妻、父と息子、主人と奴隷は社会生活の基本要素であり、奴隷制度は社会を支える基本原理の一つである。市民が国の命令に従うように、奴隷はファミリアの長である主人に従う。ただし市民と奴隷には違いがあり、奴隷は最初から絶対服従を強いられている。奴隷は家族をもたず、結婚の権利と義務から切り離され、存在理由そのものを主人から押しつけられ、名前も主人から与えられる。その意味では奴隷状態とは「社会的死」であり、だからこそ主人への絶対服従が当然とされる。だがそれを理解しない奴隷も多いので、時には力ずくで服従させるしかない。社会的死を拒もうとする意志をくじく必要があるのだ。そうした意志があるからこそ、一部の誇り高い部族は戦いに負けても降伏しないのである。たとえばヒスパニアのカンタブリ族は、反乱が失敗に終わったとき、奴隷になることを拒否して全員自刃して果てた。

奴隷は一様に法律上の権利をもたない。しかし、奴隷の仕事が常に自由人より卑しいものだと思ったら間違いである。高い地位にいる主人から重要な仕事を任されている奴隷も少なからずいて、社会的にも影響力をもっている。そうかと思うと、自由人でありながら貧困にあえぎ、家族を養うために卑しい仕事に手を染めざるをえない人々も大勢いる。要するに奴隷の仕事や置かれた立場は一様ではない。また奴隷の仕事は実に多岐にわたる。家内奴隷だけとっても、玄関で見張りをする老人、食堂で水を注いで回る若者、寝室で主人の世話をする美少女など、ファミリアという集団のなかで多くの奴隷がさまざまな仕事をし、主人のあらゆる要求に応えている。

父は、奴隷を所有するのは〝見栄を張る〟ためでもあると（何と！）教えてくれた。奴隷が道徳的に無価値で、単なる道具、あるいは資産の一部でしかないとしても、奴隷がいることで主人の格が上がるという側面があることは否めない。立派な馬が乗り手の格を上げるように、しつけの行き届いた奴隷は主人の格を上げる。そういう奴隷が家に何百人もいるとしたら、主人の栄光はどれほど輝かしいものになるだろうか！　それほど多くの従者をかしずかせ、しかも正しく使いこなすことができるのは、社会でもっとも高い地位にいる人々だけではないだろうか？

奴隷は使いようであって、どれほど頭の鈍い奴隷でも、優れた主人なら使いこなすことができる。今は奴隷を所有していないという人も、いつか運がめぐってきて所有するようになるかもしれない。そのときどうしたらいいかを知っておきたいなら、この本に目を通されるといい。あなたがどの時代のどこの人であろうとも、たとえその世界がローマとは異なる原則で成り立っていようとも、ローマから学ぶべきことなどないと決めつけてはいけない。ローマには多くの知恵が眠っている。そのなかには、あなたにとっても、目を閉じるより開けてよく見たほうが得になるものがたくさんあるはずだ。だから、読まれよ。そして学ばれよ。

解説

アラン族は奴隷をもたないと聞いてマルクスは仰天していましたが、古代ローマ人にとって奴隷はそれほど当たり前のものでした。実はこれは四世紀の歴史家アンミアヌス・マルケリヌスの著作にある話で、アンミアヌスはそれが驚きだからこそ、記録に値する話、当時の読者の興味を引く内容だと判断したわけです。実際、今日に残る資料を見るかぎり、古代ローマ人が奴隷制の廃止を論じた例はありません。奴隷所有は社会生活の一部であり、現代でいえば車をもったり猫を飼ったりすることと大差ありませんでした。またローマの富裕層にとって奴隷は生活水準の指標でもありましたが、それも現代に例えれば家電製品のようなものです。奴隷は主人が自分でやりたくないことをすべてやってくれました。洗濯、掃除、背中を流すことまで（家電製品以上ですね）。また、都市の家内奴隷は効率のためである以上にステータスのためでしたが、これも現代の贅沢品と似ています。たとえば一〇〇インチのプラズマテレビは本当に必要でしょうか？一方、田舎の領地で働く奴隷たちは事情が違っていました。農場に多くの奴隷を置くことも地位の象徴にはなりましたが、それ以前に農場の働き手として必要だったのです。

奴隷の本性については、古代ギリシャ人のほうが古代ローマ人よりも厳しい見方をしていました。よく知られていることですが、アリストテレスは奴隷は自然によって奴隷なのであり、優れているギリシャ人が奴隷を所有するのは正しいことだと述べています。アテネ社会では市民と奴隷の線引きが厳格に維持され、奴隷はたとえ解放されても社会に溶け込むことができなかったようです。しかしローマはその逆で、絶えず多くの外国人がローマの市民社会に吸収されていきました。各地の異国人とその神々を取り込んでいく能力こそローマを繁栄に導いた要因の一つで、その能力のおかげであれだけ版図を広げることができたのです。そのような社会で奴隷と市民を完全に分けてしまうことに何の意味があるでしょうか。それよりも奴隷は一時的な状態で、何らかの条件が整えばローマ市民になれると考えるほうが理にかなっています。つまりローマの奴隷制は「構造的硬直性」ではなく「社会的流動性」だったわけで、改めてそう考えてみると少々驚かされます。

奴隷には法的権利がほとんど認められていませんでした。とはいえ実生活においては、法律が常に厳密に適用されていたわけではありません。特に都市部では現実的な対応がとられ、たとえば奴隷が自分の金銭や物、すなわち「個人財産」をもつことが一般的に許されていました（法律上はあくまでも主人の所有物のままでしたが）。また結婚も、法律上は認められなかったものの、一般的には主人が事実婚を認めていました。帝政期には若干の法的権利が追加され、たとえば主人の横暴に耐えかねた場合、奴隷が神殿に逃げ込むことができるようになりました。しかしそうした法的権利の付与も、歴代の皇帝たちが奴隷の待遇を改善しようとした結果だと解釈することはできません。彼らはただ、最高指導者としてあらゆる種類の問題に関与せざるをえなかっただけのことです。皇帝は市民の日常のさまざまな問題について、法的にどうあるべきかという指針を示すことを期待されていました。

古代ローマの奴隷人口ですが、挙げられている数字はいずれも何らかの情報に基づいているものの、しょせん推測の域を出ませんから、扱いには注意が必要です。現存する資料は少なく、しかも明確なものではありません。古代ローマ時代のイタリア半島における奴隷の人数と流動性の程度については、ウォルター・シャイデルの次の論考が参考になります。

◎「ローマ時代のイタリアにおける人間の流動性――〈II〉奴隷の人口」（'Human Mobility in Roman Italy, II: The Slave Population,' in The Journal of Roman Studies, 95 (2005), 64–79）

◎「ローマ時代のイタリアにおける奴隷人口――推論と制約」（'The slave population of

Roman Italy: Speculation and constraints', in Topoi, 9 (1999), 129–44)

アラン族が奴隷をもたなかったという件はアンミアヌス・マルケリヌスの『歴史』第三一巻第二章第二五節に書かれています。セネカは奴隷所有者が奴隷の口答えや不満げな目つきといった些細なことで腹を立て、すぐに鞭打ったり脛を折ったりすることに苦言を呈しています。『怒りについて』第三巻第二四章ならびに第三二章を参照してください。マルクスがこの本の目的について説明している個所は、コルメッラの『農業論』の序文を参考にしました。奴隷の法的権利については『ローマ法大全』の「学説彙纂」第一巻第五章に説明があります。奴隷と自由人から構成される家（ないしファミリア）について、道具・財としての奴隷について、また奴隷は自然によるものかという問題については、アリストテレスの『政治学』第一巻第二章に記述があります。イタリア本土で奴隷人口がなぜ増えたかについては、古代の分析としてアッピアノスの『内乱記』第一巻第一章が、現代の分析にはキース・ホプキンズの『征服者と奴隷（Conquerors and Slaves）』第一章があります。新旧の分析を比べてみると大変勉強になります。

第Ⅰ章

奴隷の買い方

いい仕事をしようと思う彫刻家は、目的にかなう理想の石を探すことから始める。奴隷所有者も同じことで、主人たるもの、素材がよくなければ理想の奴隷に育て上げることもできないと心得るべきである。快活で、働き者で、忠実な奴隷をそろえるのは、適切な人材を得て初めて望みうることだ。したがって奴隷市場では品定め、すなわち肉体、知能、精神のいずれにも欠陥のない奴隷を見つけられるかどうかが鍵になる。この難しい課題にどう取り組んだらいいのか、この章ではそれをお教えしよう。

まずは、どこで買うかが問題である。人に訊けば、フォルム・ロマヌム〔現在のフォロ・ロマーノ〕のカストル神殿の裏手に行けというだろうが、そんな助言は無視するがいい。あそこで売られているのは最下級の垢抜けしない奴隷ばかりだ。それよりも、パンテオンの隣のサエプタ・ユリア〔投票所として建てられたが、のちに催事場や市場としても使われるようになった〕で商売している連中のほうがよほど質のいい奴隷をそろえている。探しているのが特別な奴隷――たとえば美少年とか、帝国の辺境やエチオピアのような帝国外から連れてこられた奴隷――だというのならなおさらのことである。サエプタ・ユリアの商人たちはそうした珍品も置いている。ただし店の表に並んでいるわけではないから、商人と直接話をして隠し玉を見せろとつつかなければならない。とっておきの商品は人目にさらさず、店の奥に隠しておいて上客にしか見せないというのが彼らのやり方だ。望むなら、法律上は売買が禁じられている去勢された少年でさえ問題なく手に入る。

厳密にいえば、奴隷とは戦争捕虜か、さもなければ女奴隷が産んだ子であるはずだ。しかし実際にはほかにもさまざまな事情で奴隷に身を落とす例がある。たとえば貧しい者が借金返済のために自らを売ることもあれば、子供たちをどうにか食べさせていくためにそのうちの一人を売ることもある。このローマでは望まれずに生まれてきた子供を街はずれのごみ捨て場に遺棄するのはよくあることで、なかにはそうした赤ん坊を拾ってきて奴隷として育てる人もいる（そのような場合、その子は法律上は自由身分のままなのだが）。また人買いにさらわれてきて奴隷になる者もいる。人買いは遠方の沿岸地域で行われている海賊行為に乗じ、大人だろうが子供だろうがかっさらってきて奴隷商人に売りつける。

これに対し、ローマ軍が対外戦争で獲得した捕虜を奴隷とすることについては、法律上まったく問題がない。そもそも捕虜たちはローマ軍の情けがなければ命を落としていたはずなのだから。つまり奴隷とは、勝利を喜ぶ兵士たちが敵をあえて虐殺せず、軍事的抵抗の代償をローマ人への奉仕という形で払わせることにした結果である。家が裕福であれば、捕虜になっても多額の身代金を払って解放される可能性があるが、そうでなければ奴隷となり、命の代金を労働で支払うしかない。

わたしもかつてペルシャとの国境地帯で、ある小さい町の攻略作戦に参加したことがある。そういう場合はまず、命は助けるから素直に町を明け渡すよう説得する。だが住民たちが応じなかったので、われわれは猛然と襲いかかり、破城鎚で城壁を破って町になだれ込んだ。そして逃げ道をふさぐと、見つけた住民を男だろうが女だろうが子供だろうが片っ端から殺していった。その惨状を見て震え上がった住民たちは中心部の旧市街に逃げ込み、そこから代表を送ってきて命乞いをした。最初からこちらの寛大な申し出を受けておけばよかったものを、何と愚かな者たちだろうか。結局その代表との話し合いで、二〇〇〇セステルティウス〔古代ローマの硬貨で、帝政期には大きな銅貨だった。貨幣価値については少しあとに説明がある〕相当の金を支払うことができる者は解放することになり、一万四〇〇〇人がこれに該当した。残りの一万三〇〇〇人ほどは奴隷となり、その他の戦利品と合わせて売られる運命となった。

そのときの指揮官は寛大で、攻略作戦における働きへの報奨として奴隷の半数をわれわれに分け与えてくれた。また一部を自分の取り分とし、残りを売って国の利益にするとともに、戦勝に感謝するための小神殿を建てた。いうまでもないことだが、一万数千人という捕虜の数は、ユリウス・カエサルをはじめとする偉大な指揮官たちが征服戦争で獲得した人数の足元にも及ばない。ガリア戦役では一〇〇万人が奴隷になったといわれているし、エルサレム陥落後に行われた奴隷化はユダヤ民族が丸ごと奴隷になったかと思われるほどの規模だった。トラヤヌス帝〔在位九八〜一一七〕がダキアであの好戦的な民族を征服したときもそうだ。そう、それに比べたら、あのときのわれわれの戦利品など取るに足りない。

さて、どういう経緯であれ奴隷がいったん奴隷になり、そのまま捕獲者に所有されるのではなく売られるとすれば、最終的には前述のような奴隷商人の店に身を置くことになる。そして一般的には、客によく見えるように高い競り台の上に立たされる。連れてこられたばかりの奴隷たちは足の裏が白く塗られているのでそれとわかる。それ以外の情報、すなわち出身地や個人的特徴などは首にかけられた札に書かれている。

奴隷売買に関する規則は「高等按察官告示」によって定められている。この告示の主たる目的は、奴隷を買う客にとって必要な情報がすべて事前に開示されるようにすることである。たとえば疾病その他の瑕疵がないか、逃走癖がないか、だらだらする癖がないか、どこかで問題を起こして訴訟沙汰になっていないかなど。なかでも大事なのは出身地で、売り手は奴隷一人ひとりがどこから連れてこられたのか明らかにしなければならないが、買い手もこれには十分注意を払う必要がある。どこから来たかでいい奴隷になるかどうかが決まるといってもいいほどで、評判のいい部族もあれば、悪い部族もあるからだ。たとえば身の回りの世話をさせる奴隷を探しているなら、若いブリトン人はやめたほうがいい。荒っぽくて行儀が悪いので役に立たない。その逆が若いエジプト人で、従者として傍に置くにはもってこいだ。

　ではどこの奴隷がいちばんかというと、これについては意見が分かれるので何ともいえない。一方、誰もが同意するのは、同じローマ市民だった者を奴隷として使うほど不快なことはないという点である。ローマ市民であっても、多額の負債を抱えて奴隷になる事例がないわけではない。だがその場合は異国に売るべきで、さもないと主人の側も居心地の悪い思いをするはめになる。世界でもっとも誇り高い民族の一員だった者を使用人とし、卑しい仕事を命じるなどということは、決して気分のいいものではない。そもそもローマの自由人として生まれた者が奴隷に身を落とすなど、あってはならないことではないだろうか。ゲルマニアにも奴隷はいるが、あの野蛮人どもでさえ同胞の民を奴隷として使うことはない。ご存じないかもしれないが、あの陰気な顔つきの民族は賭け事に目がなく、何と自分自身まで賭けて大勝負に出ることがある。そして負ければ奴隷となり、鎖につながれてしまう。彼らはそれを「名誉を賭けた勝負」だから仕方がないと考えるらしいが、わたしにはただ頑固なだけとしか思えない。ただしこの場合、勝者は奴隷となった敗者を必ず異国に売る。同じ自由人だった人間が落ちぶれた姿を目にして、そんな賭けに加わった自分を恥じることになるのが嫌だからだ。

　哲学者のセネカは、奴隷としていちばんいいのは家内出生奴隷〔奴隷から生まれた奴隷〕だと考えた。そのような奴隷はほかの暮らしを知らないから、過去を振り返って思い悩むこともないだろうというわけである。キケロの親友のアッティクスなどはその点にうるさくて、家内労働には家内出生奴隷しか使わなかったそうだ。アッティクスによれば、彼らは他の奴隷よりはるかに忠実で、主人を父親のように敬い、奴隷に生まれたことで主人を恨むこともないという。ただし忘れてはならないのは、あとで述べるように、奴隷に子供を産ませて育てるにはそれなりに手間と費用がかかるということである。

一方、家内出生奴隷にこだわる必要はないという意見もある。新たに奴隷になった者たちはまだ湿っている粘土のようなもので、主人の意のままに成形できると考える人は少なくない。そういう人々は、なりたての奴隷でも小犬のように短期間のしつけで一応仕事をこなせるようになるのだから、何年もかけて育て上げる必要はないという。とはいえ、捕虜になって連れてこられたばかりの野蛮人ともなれば、まずは奴隷という身分に慣れさせなければならず、ある種の調教が必要である。なりたての奴隷がそれまでよりはるかに低い身分の暮らしに慣れるにはそれなりの時間が必要で、購入の際にはその点を念頭に置かなければならない。買ってからしばらくのあいだはある程度の配慮をするべきであり、場合によっては若干の同情さえ示してやってもいいだろう。そもそも、以前の身分の残像にしがみつこうとし、奴隷として命じられた卑しい仕事にとうてい乗り気になれない者たちを目の前にして、誰が憐みを覚えずにいられるだろうか。遠方からの輸送や長期の監禁で衰弱し、主人の馬の歩みについてこられないとしても、ひどく罰してはならない。あるいはうっかり居眠りしてしまい、主人に呼ばれたことに気づかないとしても、これまた厳しく罰するべきではない。奴隷としていつでも気を抜かずに控えていることにまだ慣れないのだから。なお、すでに奴隷だった者を買う場合でも、すぐさま新しい仕事に馴染めるとは思わないほうがいい。たとえばローマで楽な家内労働をしていて、休日さえ与えられていたような奴隷が、主人が変わって農村の重労働に回されたとすれば、やはり慣れるまでに時間がかかる。

奴隷の出身地に関してもう一つ注意が必要なのは、同じ出身地ないし同じ部族の奴隷を多く買いすぎてはいけないということである。出身地が同じなら言葉も通じるし、仲よく協力して働くからいいではないかと思うかもしれないが、実はそこに危険がある。まず、奴隷たちが示し合わせて仕事の手を抜いたり、おしゃべりに夢中になったり、盗みを働いたりといったことが考えられる。さらに深刻なのは、奴隷同士のもめ事やけんかが起きたり、口裏を合わせて逃亡したりすることで、最悪の場合は主人の殺害さえ企てかねない。それに引き替え、さまざまな国の出身者を少しずつ集めるやり方には多くの利点がある。まず、互いに話ができない。したがって示し合わせて仕事を怠けることはできない。また嫌でもラテン語を覚えざるをえなくなり、そうすれば主人としては命令がしやすくなるばかりでなく、奴隷同士の会話や噂話を聞き取ることもできるようになる。

なお、海賊がさらってきた奴隷を買うことには慎重であるべきで、正直なところわたしはお勧めしない。以前、奴隷商人が事実を隠していたためにそうと知らずに買ってしまったことがあるのだが、厄介なことになった。その奴隷は片言のラテン語を習い覚えるやいなや自分は自由人だといいだした。話はこうである。自分はアドリア海沿岸のモトネという港町の自由人だった。ある日数隻の船が入港して東方の商人が下りてきた。彼らはこの地のワインを言い値で買うといい、積んできた香辛料と交換してやってもいいといった。翌日、この話を聞きつけて、前日よりさらに多くの人々がワインを荷車に積んで集まってきて、東洋の珍しい品と交換しようとした。港は売り買いする人々でいっぱいになった。ところが驚いたことに、人々がいざワインを船に運んでいくと、突然商人たちが襲いかかってきた。その正体は海賊だったのだ。そして男も女も手当たり次第捕まえて無理やり船に乗せると、意気揚々と帆を上げて、人気《ひとけ》のなくなった港をあとにした――。当然のことながら、わたしはその男が自由になりたいがために嘘をついているのだと思った。ところが男はしつこく主張しつづけ、とうとう官吏に訴え、それが証拠不十分で却下されてもまだ文句をいいつづけた。結局、あまりにうるさいので売らざるをえなくなり、わたしは大損したというわけだ。

次に値段の話をしておこう。奴隷の価格には大きな幅がある。また基本的に決して安い買い物ではない。平均的な値段をいうなら、一五歳から四〇歳までの健康な成人男性が一〇〇〇セステルティウス、女性はそれより少し安く、八〇〇セステルティウスといったところである。セステルティウスを知らない読者のためにいっておくと、最低限の暮らしなら、年に五〇〇セステルティウスあれば家族四人がどうにか食いつないでいける。これで奴隷がかなりの投資だとおわかりいただけるだろう。年齢がこの枠に入らない場合は少し値が下がる。四〇歳を超えた男性はだいたい八〇〇セステルティウス。八歳から一四歳くらいまでの少年も同様である。もっと年寄りで六〇歳を超えているとか、逆に八歳に満たない子供の場合はさらに安くなり、四〇〇セステルティウス前後で買えるだろう。これはあくまでも平均であり、その奴隷が何らかの技能を身につけていれば価格も上がる。たとえば字が読める、計算ができる、理髪ができるといった場合には相当上がると思ったほうがいい。

では最上級の奴隷の価格はというと、これはもう天井知らずである。資産家は出し惜しみをしないので、とんでもない値段でたぐいまれな奴隷を手に入れたといった話はいくらでもある。またそうした奴隷こそ地位の象徴だと考える人もいる。たとえば三頭政治の一角であったマルクス・アントニウスは奴隷商人のトラニウスからとびきり美しい双子の奴隷を勧められ、二〇万セステルティウス支払ったといわれている。ところが、買ってみたら二人の言葉のアクセントがまったく違っていたので、双子というのは嘘だとわかった。片方はアジア生まれ、もう片方はアルプスより北の生まれだった。アントニウスは激怒してトラニウスに詰め寄ったが、トラニウスは慌てることなく機転を利かせ、だからこそ高いんですよと答えた。つまり、そっくりな双子は珍しくもないが、双子でもないのにこれほどそっくりな少年が二人見つかるというのは稀有なことで、値段がつけられないほど貴重だというのである。これを聞いてアントニウスはなるほどと感心してしまい、たった今までひどく腹が立っていたのに、今度は〝偽の〟双子がローマの統治者たる自分にふさわしいかけがえのない持ち物に思えてきて、むしろそのことに自分でも驚いたそうだ。

通常の売買の範疇でわたしが耳にしたことがある最高額は、文法学者のダフニスについた値である。ピサウルム〔現在のペーザロ〕のアッティウスが売ることにしたダフニスを、有力な政治家だったマルクス・スカウルスが七五万セステルティウスで買い取った。だがこの程度の金額で驚いてはいけない。有名な俳優が自分の稼ぎで自由を買い戻した例がいくつかあるが、いずれもかなりの高額だった。そもそも稼ぎがいいので、高額になるのは当然かもしれない。だいぶ前の話だが、喜劇俳優のロスキウスは年に五〇万セステルティウス稼いでいたといわれている。さらに桁が上の話もあるが、そのあたりになるともはや奴隷そのものの対価とは考えにくい。たとえばネロ帝〔在位五四～六八〕がアルメニア王ティリダテスと戦っていたときに、この戦争の会計管理をしていた奴隷が一三〇〇万セステルティウスで解放されたが、これは莫大な戦利品からこの奴隷が得た報酬に見合った金額だったのであって、奴隷個人の対価とはいえない。また、ルトリウス・プリスクスはティベリウス帝〔在位一四〜三七〕の腹心だったセイヤヌスから宦官のパエゾンを五〇〇〇万セステルティウスで買ったが、これも奴隷の対価というよりは快楽の対価であり、富のひけらかしである。異常な価格は当時の世相を反映しているとも考えられ、狡猾なセイヤヌスが権勢をほしいままにする一方で、人々にはこれほど破廉恥な奴隷取引を止める余裕すらなかったといえそうだ。

奴隷を選ぶ際には性格にも気を配るべきである。あなたが目をつけたその奴隷は意志薄弱に見えないだろうか？　あるいは逆に無鉄砲すぎはしないだろうか？　奴隷の仕事に向いているのは極端に腰抜けでもなければ極端に勇ましくもないタイプである。いずれも極端になると問題で、何にでも怯えるようでは仕事にならないし、度胸がありすぎる奴隷は管理しにくい。あとは仕事によるが、家事をさせるつもりなら内気でおとなしい奴隷がいい。家内奴隷はネズミのようであるべきで、つまりおとなしくて気が弱く、それでいてこまめに走りまわるのがいい。ただし、楽な仕事に回されたくておとなしいふりをする奴隷も多いので、騙されないようにすることだ。楽な仕事とはたとえば給仕係のことで、食事以外の時間に休めるし、主人一家の豪勢な食事の残りにありつけることもあるので誰もが狙っている。

よさそうな奴隷が見つかったら、次はじっくり観察する。ここからがいよいよ真剣勝負だと心得てもらいたい。目星をつけてもすぐには買わず、まずはその奴隷を間近でよく見ることだ。馬を買うときも覆いを外して馬体を調べ、欠陥や弱点がないか確認するのが普通だろう。それと同じことで、奴隷も服を脱がせて調べる。奴隷商人というのはまったく油断がならない連中で、服にひと工夫して欠点を隠そうとする。たとえば裾の長いトゥニカ〔貫頭衣の一種〕は外反膝（X脚）を隠すためかもしれないし、派手な色の服は痩せ細った腕をごまかすためかもしれない。男の場合は睾丸が左右とも問題がないか確認しておくべきで、さもないといずれ子供をもたせようと思ったとき困ることになりかねない。要するに、あちこち調べたり、商人にあれこれ訊いたりして、目の前の奴隷の状態をしっかり見極めなければならない。

　繰り返しになるが、とにかく奴隷商人はやることが無節操なのだから、騙されないように念には念を入れたほうがいい。連中はいかに多くの利益を上げるかしか考えておらず、あの手この手で客を騙しにかかる。なかでも悪質なのは去勢された奴隷を扱う商人ということになるだろうか。何しろ商品の価値を高めるためにその一部を切り落とすという、自然の摂理に反することをやってのけるのだから。まあ、去勢は特殊な例だとしても、奴隷の多くは市場へ連れてこられるまでに痩せてしまったり、足枷による擦り傷が悪化していたりと、何らかの損傷を受けているものだ。そして、そうした損傷を巧みに隠そうとする商人は少なくない。たとえば痩せ衰えた奴隷なら、皮膚にテレビンノキから採れる樹脂を塗ってしわを伸ばしてしまう。思春期の青年をまだ少年であるかのように見せるために、マグロの血と胆汁と肝臓から作った脱毛剤を塗って体毛の量を減らすこともあると聞く。あるいは、ヒヤシンスの球根を甘口ワインに混ぜたものを塗って性的な発育を遅らせることもあるそうだ。病気で顔色の悪い奴隷の頬に紅を塗るとか、華美な服で傷跡を隠すといった簡単なことなら、これはもう珍しくもない。

したがって、客であるあなた方は商人がいうことを真に受けず、しつこく問いただすべきだ。奴隷の性格についてもよく訊くこと。女奴隷なら子供を産めるかどうかを確認すること。流産や死産の経験がないか、月経が正常かどうかなど。男奴隷なら死刑に値する罪を犯していないか、猛獣刑を宣告されたことがないか、逃亡歴がないかなども確かめるべきで、そうした奴隷をあえて買うほど愚かなことはない。さらに、あまり賢い奴隷というのも問題で、手紙の代筆や朗読をさせるつもりならいいが、それ以外の仕事では知恵がかえって邪魔になることもある。道徳面もおろそかにしてはならず、たとえば賭博癖がないか、大酒をくらうことがないか、男同士の交わりを好んでいないかといった点も忘れずに確認することだ。

陰気に見える奴隷も避けたほうがいい。奴隷であることがすでに辛いのだから、そのうえ気鬱症でひどく落ち込むとなれば先が思いやられる。実際、頼りにしている奴隷がしばしば泣き崩れたり、自殺を試みたりするというのは、多くの奴隷所有者にとって悩みの種である。法律上、自殺未遂歴の有無は売り手側に告知の義務があるが、それが守られる保証がない以上、買い手は自分の勘に頼るしかない。これは奴隷所有者なら誰もが直面しうる問題で、決して他人事ではない。何しろ「奴隷におとしめられるくらいなら死んだほうがまし」と思う者が多く、「奴隷は嫌だと思っているといつまでも惨めなだけだ。思ったところで自由になれるわけじゃなし」ということわざもあるほどなのだから。

このように念入りに調べ、慎重に選び、値段交渉もまとまったら、あとは契約書である。ローマの法律では、万が一買い手側に不満が生じた場合に備え（正当な申し立てが可能な場合だが）、奴隷を売る側は保証人を立てなければならない。したがって、契約書には保証人の名前も記される。ほかには買い手であるあなたの名前と地位、奴隷の名前（および過去に呼ばれていたことがあるすべての名前）と人種、価格、売り手の名前、契約の日付と場所などが書かれていなければならない。なお、奴隷売買に際しては、奴隷自身の所持品（手元に残っていた金銭など）は、契約書に特別の記載がないかぎりそのまま奴隷のものとするのが慣例である。

奴隷の健康状態についても忘れずに書面で保証を取りつけることだ。法律上保証の対象になるものとならないものがあるが、売り手に告知の義務がある疾病、逃走癖、賭博癖などは、対象になる。一方、怠惰だの口臭だのはその限りではない。とはいえ、考えてみれば〝健康〟が何を意味するかも決して明確ではない。たとえば舌を切られた奴隷は〝健康〟なのだろうか？　現実的にいえば、奴隷の数だけ欠点もいろいろあると覚悟したほうがいい。わたし自身が経験しただけでも、買ってみたら実は寝小便の癖があったとか、癲癇《てんかん》患者だった、足の指がなかった、吃音者だった、泥棒だったといった例がある。悪い奴隷と聞いて誰もが思い浮かべるのは、気まぐれ、怠け者、反応が鈍い、何をさせても遅い、貪欲、頑固、醜い、太鼓腹、斜視、猫背、しゃべるときに肩をすくめ・るといった奴隷のことだ。その逆によい奴隷と聞いて誰もが思い浮かべるのは、忠実で、働き者、気配りができる奴隷ということになるだろうか。しかし市場では商人がごまかしてしまうので、こうした点の良し悪しを判断するのは難しい。

さて、奴隷を買ったら、次はどんな仕事を割り当てるかを考える。奴隷の仕事はいくらでもあるが、大きくは農場の仕事と都市の邸宅での仕事の二種類に分けられる。前者には農地の耕作、果樹の剪定、水運び、陶器づくり、清掃などがあり、また女奴隷なら洗濯、家具磨き、羊毛加工、マッサージなどが考えられる。都市の邸宅で使う場合はより厳密に適材適所が求められる。たとえば給仕係なら美形であるにこしたことはない。家のなかの仕事も数え上げればきりがなく、裕福なら金に糸目をつけず一つひとつの仕事に専任の奴隷を当ててみたくなるだろう。欠かせないのは輿担ぎや手紙の朗読係、代筆係だが、ほかにも食事のときに静かな曲を奏でる演奏者や、門番、夜伽係、時報係、使い走りなど、さまざまな仕事がある。

女奴隷はもっぱら家内労働と交配のためと考えることができる。だが恥ずべき連中もいて、女奴隷を買って売春宿で働かせることもある。最近は乳母としての需要も高い。ローマの女性たちは子供の養育を奴隷に任せる傾向にある。だが乳母となると、何しろあなたの子供の母親代わりになるのだから、選択には細心の注意が必要である。また少し大きくなってからの子供の世話係は、わたしなら自分が女奴隷に産ませた奴隷に任せたいところだ。子供たちにとって世話係はもっとも親しい奴隷となり、しかもそれが長く続くことになるのだから。わたし自身の子供のころの世話係はフェリクスという奴隷で、毎日学校へ連れていってくれ、あらゆる危険からわたしを守ってくれ、それこそ身支度から剣闘士ごっこの相手まですべて面倒を見てくれた。もっともフェリクスの場合はほかの仕事では役に立たず、仕方なく世話係を命じられたのだった。アテネの偉大な政治家だったペリクレスも、ある奴隷が木から落ちて脚を折るのを見て、「これで子供の世話係だな」といったという。

だが一般的にいえば、子供の世話係には高い教育を受けた者が少なくない。つまり主人の考え方次第で、フェリクスのような無学な奴隷を世話係にすることもあれば、十分な教育を受けた奴隷を家庭教師として子供につけることもあるわけだ。子供を将来偉大な弁論家にしたいなら後者がいいだろう。始末に負えないのは、学もないのに自分を天才だと思い込んでいるような奴隷である。そんな奴隷を世話係にしてしまったら本来の教育の妨げになるばかりか、子供たちに愚かな考えを吹き込みかねない。あのアレクサンドロス大王でさえ、子供のころ家庭教師のレオニダスの悪徳に感化され、その影響がいつまでも消えなかったというではないか。

なお、いくら裕福でも、誇示のための奴隷所有は慎むべきである。成金のなかにはただもう富をひけらかしたくて、必要もないのに大勢の奴隷を買い込んでつまらない仕事をさせている連中がいるが、あれほどみっともないものはない。わたしの知り合いのある大金持ちなどは、客の名前を主人に告げるのが仕事の奴隷を置いていた。客の側からすればはなはだ無礼な話である。そういえば、この種の仕事を年老いてほかの仕事ができなくなった奴隷にやらせる人もいるが、これまた悲惨な結果になる。年のせいで物覚えが悪く、始終間違えるので、周囲が気まずい思いをする。奴隷にものを覚えさせる話でもっとも滑稽なのはカルウィシウス・サビヌスの例だろう。サビヌスは莫大な遺産を相続して大富豪になったが、学がなく、しかも物覚えが悪くて、ホメロスの叙事詩に出てくる英雄の名前すら覚えられなかった。だが富豪になったからにはその富にふさわしい人間だと思われたい。そこで大枚をはたいて頭のいい奴隷を何人も買い、著名な文学作品を丸暗記させた。一人にはホメロスの全作品を、もう一人にはヘシオドスを、さらに九人にそれぞれ別の抒情詩人を覚えさせた。しかもこれこれの作品のどの個所といわれてすぐ暗唱できるようにするには大変な訓練が必要で、サビヌスはかなりの投資を強いられた。だがそうなると、今度はその成果を披露して自慢せずにはいられないわけで、サビヌスは宴会のたびにどの詩をご所望かとしつこく訊くようになり、客たちは辟易したそうだ。この奴隷たちはひどく高くついたとサビヌスはこぼしたそうだが、それなら同じ数だけ書棚を買えばよかったものを、ばかげた話である。

　こうした〝ひけらかし〟は個人の奴隷所有者の話だが、公有奴隷というのも存在する。国家や都市が多くの奴隷を所有していて、帳簿をつける、道路を補修するなど、さまざまな公共の仕事をさせている。すでにほかで奴隷として働いていた者を買いたいなら、元公有奴隷は健全な投資といえるだろう。こき使われて疲弊している心配がないし、奴隷のほうも個人に仕える仕事を喜ぶことが多く、張り切って働くだろう。格は公有奴隷のほうが上なのだが、奴隷の側からすれば個人宅の仕事のほうが活気があっていいらしい。ただし、公有奴隷であっても注意は必要で、罪人が紛れていることもある。トラヤヌス帝がビテュニアに属州総督として小プリニウス〔『博物誌』を著した大プリニウスの甥で養子〕を送り、この州の不正の実態を調べさせたことがあるが、その際小プリニウスは罪人たちが罰を逃れて公有奴隷になっていることに気づいた。しかもあろうことか、普通の公有奴隷と同じように年俸まで受け取っていたのである。しかしその多くはすでに長年その職にあり、かなりの高齢で、しかもつましく暮らしていた。トラヤヌス帝は当然の措置として罪人にはそれにふさわしい刑罰を受けさせなければならないと述べたが、罪を犯したのが一〇年以上前ならその限りではないとし、その場合は刑罰に相当する仕事、たとえば浴場や下水溝の清掃などをさせるがよいとした。

ところで、奴隷は何人必要だろうか？　農場の仕事については、謹厳な監察官〔国税調査や風紀の取り締まりを担う官職〕としても知られる大カトが土地の面積と栽培する作物の種類によって必要な人数が決まると説いている。具体的に二つの例を挙げているのだが、その一つは六〇ヘクタールのオリーブ畑で、この場合は一三人の奴隷が必要になるという。管理人一、家政婦一、農夫五、御者三、ラバ飼い一、豚飼い一、羊飼い一で合計一三人。もう一つの例は二五ヘクタールのブドウ畑で、この場合は一五人必要になる。管理人一、家政婦一、農夫一〇、御者一、ラバ飼い一、豚飼い一で合計一五人。大カト以外にも諸説あり、二ヘクタールごとに一人必要だと説く人もいる。二ヘクタールなら四五日あれば一人で耕すことができるので、病気、悪天候、あるいは怠けといったマイナス要因を考慮しても何とかなるという考え方である。だがわたしから見れば、これらの説はいずれも大雑把すぎてあまり参考にならない。大カトの具体例も農場の面積に応じて人数を足したり引いたりできるようになっていなければ意味がないだろう。そのためにも管理人と家政婦は別勘定にしたほうがいい。畑が六〇ヘクタールより狭くても、管理人と家政婦はやはり一人ずつ必要なのだから。

一方、家畜の世話をさせる奴隷についてはよく知られた算出方法がいくつもある。羊毛をとるための羊の場合、わたしは八〇頭から一〇〇頭当たり一人と計算している。ただし群れの規模が大きい場合は（一〇〇〇頭くらい飼っている人もいる）羊飼いの割合をもっと減らしても問題ない。ちなみにわたしは七〇〇頭飼育させている。また、馬やラバの場合は五〇頭当たり二人必要で、その二人にそれぞれ飼い慣らした馬が一頭必要になる。

一般的に、裕福な地主は自ら農場を管理するのではなく、一切合財の差配を奴隷の一人に任せる。また農場の近くに町や村がない場合には、数人の鍛冶屋ならびにその他の主要な職人を領地内に置き、奴隷たちがむやみに農場を離れなくてもいいようにする。さもないと、休日でもないのに奴隷が町や村に出てぶらつくようになり、作業の効率が上がらない。

それにしても、ローマを築き上げた偉大な父祖たちの時代が何と遠く感じられることだろうか。多くの奴隷をどう使ったらいいかなど、彼らは議論の対象にもしなかっただろう。当時は誰もがもっと質素な暮らしをしていて、奴隷もせいぜい一人で、主人と一緒に食卓を囲んでいた。ところが今はどうだ。家のなかに家族というよりよそ者に近い奴隷がぞろぞろいて、食料やワインが盗まれないように食料庫に鍵をかけなければならない始末である。これほど奴隷が増えるとこちらも名前を覚えられないから、奴隷の名前を告げる係の奴隷まで必要になってしまう！

かつての自給自足の精神はどこへ消えたのか。なぜ今日のわれわれは、ただ自分が裕福だと示すために奴隷をずらりと侍らせなければならないのか。天を見上げれば、神々は衣服もまとっておられない。つまりすべてを与え、自分のためには何も残さない。ところが地上では、強欲な人間どもがさまざまな種類の奴隷をかき集め、見栄を張ることに夢中になっている。ポンペイウスの解放奴隷で側近でもあったデメトリオスは、ポンペイウスより金持ちになっても恥と思わなかったようだが、ではポンペイウスより幸せになったのだろうか？　デメトリオスは軍司令官にでもなったように、自分が所有する奴隷のリストに目を通すのが日課だったそうだ。それほど奴隷をそろえていったい何の意味があるのだろう？　奴隷身分から解放されたのなら、自分の世話をしてくれる奴隷がせいぜい二人と、以前より広い部屋があれば、それで十分満足できたはずではないだろうか？　犬儒派〔無為自然を理想とする古代ギリシャの哲学の一派〕のディオゲネスは一人しか奴隷をもたなかった。しかもその奴隷に逃げられたとき、居場所がわかっても連れ戻そうとせず、「わたしの奴隷がわたしなしでも生きていけるというのに、わたしがわたしの奴隷なしで生きていけないとしたら、それは恥ずべきことだ」といった。要するにこういいたかったのだろう。「不運な奴隷がようやく逃げおおせた。これでわたしも自由になった！」

結局のところ、奴隷とは出費である。あのがつがつした連中の腹を満たしてやらねばならず、服も買ってやらねばならない。隙があれば盗もうとする彼らの手を始終見張っていなければならない。しかも奴隷を置くということは、こちらを憎んでいるかもしれない人間を使うということだから、重荷でもある。そんな重荷をもたずにすむなら、つまり自分自身に対する義務しかないとしたら、どんなに幸せだろうか！

しかし運命には逆らえない。奴隷という贅沢（重荷でもあるが）は運命によってもたらされたものだ。ローマ人が世界を支配するのは定めだと考え、われわれはそれを受け入れるしかない。したがって奴隷も所有せざるをえない。こうなったらせめて彼らにつける名前にでも、奴隷所有へのためらいを込めてみてはどうだろうか。元気が出るような名前にするとか、あなたにとって何か意味のある名前、たとえばその奴隷を買った場所などを名前にする、あるいはちょっとした皮肉を込めたユーモラスな名前でもいい。そうすることによって、運命によってもたらされたこの贅沢を当然のものとして受け取ってはいないのだと示すのである。わたしはあるときかなりの値段で一人の奴隷を買い、郊外の別荘で使おうと思ったのだが、そこへ連れていく途中でその奴隷が転んで腕を折った。わたしは彼にフェリクス〔英語でいえばラッキー〕という名をつけた。

解説

この章で述べられている奴隷購入の際の細かい注意事項は、主として都市の邸宅で使われる家内奴隷を、つまり主人が限られた人数の奴隷しか使わない場合を念頭に置いています。都市の邸宅では奴隷も同じ屋根の下で一緒に暮らし、主人とその家族に直接サービスを提供したので、選択にはかなりの神経を使ったでしょう。一方、都市から離れれば話は違っていたはずです。特に大農場で使われる奴隷については、それほど細かいところにこだわる必要はなかったと思われ、奴隷の購入自体も農場管理人に任されていたかもしれません。いずれにせよ、ファミリアと所領の規模が大きければ大きいほど、主人が奴隷購入に直接かかわる度合いは小さかったと考えられます。

もちろん奴隷の需給バランスも奴隷選びに影響を与えました。ローマ軍が大勝利を収めたあとなら、奴隷の供給が増えて価格が下がったはずで、買い手も気軽に選べたでしょう。

自由人として生まれたローマ市民が、本人の同意なく法的地位を剥奪されることはありませんでした。しかしそのローマ市民が、貧しさゆえに生まれた子を捨ててしまうことがあったというのは事実で、これは古代ローマ社会の嘆かわしい一面といわざるをえません。捨て子は雨風にさらされたり、野犬に襲われたりして命を落としましたが、なかには奴隷商人や一般市民に拾われて育てられる例もありました。その場合、その子は事実上、新たな保護者の奴隷となりました。芝居のなかでは、拾われた子供がやがて実の両親に巡り合うという筋書きがよく見られますが、実際にはそういうことはまれだったでしょう。

古代ローマ人が奴隷に積極的に子供を産ませていたかどうかは、実のところよくわかっていません。奴隷同士の婚姻（事実婚）は多く見られ、当然のことながら子供も生まれました。奴隷同士の婚姻は主人の承認が前提とされていたようですが、カップルの形成に主人がどこまで関与していたかはわかっていません。主人の立場で考えれば、問題のある奴隷同士の婚姻は認めなかったと想像できますが、それだけを理由に、主人が積極的にかかわって、健康でよく働く奴隷を選んでカップルを作らせたと考えるのは無理があります。一方、主人が自分の奴隷との性交に耽ることがあったのは事実で、相手が女奴隷であれば子供が生まれることもありました。そのような場合、主人が父親であっても、子供は法律上奴隷となります。

奴隷の値段については数字の扱いに注意が必要で、この章で挙げられた平均価格は現存する限られた資料から推測したものでしかありません。帝政後期にはインフレで名目価格が上がりましたが、実質価格が上がったかどうかはわかっていません。同じく帝政後期には経済の衰退やキリスト教の影響力の増大も見られましたが、それらによって奴隷の総人口が縮小したのかどうかも残念ながらわかっていません。またマルクス・アントニウスの〝双子〟の奴隷のような高値は、それが異常だったからこそ記録に残されたのであって、平均的な価格を推測する手掛かりにはなりません。とはいえ一般的に奴隷の値段が高く、かつ大きな幅があったのは確かなことです。なお、マルクスの説明のなかに、家族四人が一年食いつなぐのに五〇〇セステルティウスという話がありますが、これは最低限の主食の値段であって、その他の食品や家賃、被服費等々を考えると数字はもっと上がります。一家四人の生活費としては、地域により、あるいは都市により大きく変わるとしても、だいたい一〇〇〇セステルティウスが妥当な線ではないでしょうか。それでももちろん、アントニウスが支払った二〇万セステルティウスが法外な高値であることに変わりはありません。総じて奴隷は高額商品で、貧しい人々には縁のないものでしたし、平均的なローマ人にとってもそう簡単に買えるものではなかったと思われます。人手を求める職人にとっても、奴隷を一人買うのはかなり思い切った投資だったはずです。だとすれば、富裕層が大勢の家内奴隷を所有するのも経済的投資とはいえず、どちらかといえば顕示的消費だったと考えられるのではないでしょうか（前述のように農場の奴隷は少々事情が異なります）。

古代ローマ時代のイタリア半島には数えきれないほど多くの奴隷がいましたが、その一方で、奴隷の使用について道徳問題を提起した文書も数多く残されています。これはなかなか折り合いをつけるのが難しい矛盾です。当時のローマ人が奴隷を使うことに道徳上問題があると思っていたのなら、なぜあれほど多くの奴隷を所有しつづけたのでしょう？　これに答えるのは難しいのですが、一つ忘れてはならないことがあります。ローマ時代の文献の多く、特に著名な弁論家が書き残したものには（たとえばセネカも奴隷制に関する重要な記述を数多く残しています）、修辞的要素が含まれていたということです。「ローマはかつての純粋さを失った」というのも当時の文学的主題の一つでした。饗宴の料理も奴隷の人数も過剰になっていたので、ローマ人は過剰消費に罪悪感を覚え、道徳的な問題を提起することでその罪悪感を和らげていたのでしょう。

「高等按察官告示」は『ローマ法大全』の「学説彙纂」第二一巻第一章に伝えられていて、そのなかに奴隷売買に関する記述もあり、売り主が事前に告知しなければならなかった瑕疵も挙げられています。捨て子については小プリニウスの『書簡集』第一〇巻第六五書簡と第六六書簡などに記述があります。またアウルス・ゲッリウスの『アッティカの夜』第二〇巻第一章には、紀元前四世紀以降、ローマ市民が借金返済のために自らを奴隷として売ることは禁じられていたと書かれています。逆にいえばそれ以前は可能だったわけですが、その場合はティベリス川（現在のテヴェレ川）の向こうに――つまりその当時の国外に――売られることになっていました。ゲルマン人が博打好きだったという件はタキトゥスの『ゲルマニア』第二四章に、モトネの人々が海賊にさらわれた話はパウサニアスの『ギリシャ記』第四巻第三五章第六節に出てきます。マルクス自身が参加した攻略作戦の様子は、シチリアのディオドロスの『歴史叢書』第二三巻第一八章にある紀元前二五九年のローマ軍によるパレルモ占拠を基にしたものです。奴隷の価格は、アウグストゥス帝（在位前二七～後一四）が奴隷売買に二パーセントの税を課したときの税収（年間五〇〇万セステルティウス）と、ディオクレティアヌス帝（在位二八四～三〇五）の「最高価格令」にある奴隷と小麦の上限価格の比率を基に推測しました。価格の単位の「セステルティウス」ですが、わたしはアウグストゥス時代のころの貨幣価値を想定して換算しています。マルクス・アントニウスの双子の奴隷の話は大プリニウスの『博物誌』第七巻第一二章に、高額売買の例、奴隷の俳優、ネロ帝、少年パエゾンの話は同じく『博物誌』の第七巻第三九章に記述があります。なりたての奴隷には配慮が必要だという件はセネカの『怒りについて』第三巻第二九章に、ことわざはプブリリウス・シュルスの『格言集』第四八九言と第六一六言に、カルウィシウス・サビヌスが奴隷に詩を覚えさせた話はセネカの『倫理書簡集』第二七書簡にあります。子供の世話係についてはクインティリアヌスの『弁論家の教育』第一巻第一章に、罪人が公有奴隷になっていたという話は小プリニウスの『書簡集』第一〇巻第三一書簡と第三二書簡に記述があります。なお、「フェリクス」は奴隷によく見られる名前でした。

第Ⅱ章

奴隷の活用法

さて、第一章を念頭に置いてあなたが奴隷を買ったとすると、次の問題は何だろうか？　それはどう働かせるか、どうすれば奴隷があなたのために懸命に働くようになるかである。初めて奴隷を買う人は鞭があれば足りると思いがちだが、代々奴隷を所有してきた家の者は鞭に頼れば奴隷が疲弊するだけだと知っている。使役にも妥当な範囲というものがあり、それを無視して酷使すれば、不機嫌で御しがたい奴隷がまた一人増えるだけだ。そうした奴隷たちは厄介事の種となり、不幸の元凶となる。奴隷を虐待して傷つくのは結局のところ主人なのだから。鉱山労働では苛酷な扱いがまかり通ることもあるが、農場ではそうはいかないし、ましてや家のなかの仕事となればなおさらである。主人となるからには、たとえ奴隷に対してでも適正な扱いが求められることをわきまえてほしい。また主人のふるまいが適正であれば、奴隷も骨身を惜しまず働くし、長年にわたってあなたの支えとなるだろう。

社会の上層部にいる者には、最下層の者たちに対しても公正にふるまう義務がある。最下層というのはもちろん奴隷のことだが、たとえ奴隷でも主人は自由身分の使用人と同じように扱うべきである。つまり、しっかり仕事をさせると同時に、その見返りとして彼らを正当に扱うべきであり、たとえ奴隷が道具にすぎないとしてもこの点は変わらない。自由身分の使用人はあくまでも人間だが、奴隷は耕作その他の働きのために用いられる道具とされている。たまたま言葉を話すことができるので、その能力ゆえに蓄牛その他の家畜よりも上に位置づけられるにすぎない。だがそれでもなお、奴隷所有者は社会の上に立つ者として常に道義をわきまえ、公正でなければならないし、それは相手がそれに値しない者であっても変わらない。

態度がよく、しかも熱心に働く奴隷が欲しいなら、まずなすべきことはよく吟味して買うことで、あなたはこの段階をすでに終えている。次の段階は教育である。子供の養育が人格形成に影響を及ぼすことは周知の事実だが、奴隷の場合も指導と訓練が重要で、その内容は任せる仕事に応じた適切なものでなければならない。だからこそ、多くの場合、すでに奴隷だった者より新たに連れてこられたばかりの奴隷を買うほうがやりやすく、うまくいくといわれるのである。わたしの友人に奴隷を買うなら若い戦争捕虜と決めている男がいるが、これも理由は同じで教育しやすいからだ。馬を見てもわかる。老いぼれ馬より子馬のほうがずっと素直ではないか。

前章で、新しい奴隷はまず奴隷という身分に慣れさせなければならないと書いたが、それは言葉で言って聞かせるという意味ではない。奴隷を買ってきたらすぐに仕事を教えはじめてかまわない。まず言葉で納得させてからという人もいないわけではないが、ばかばかしい。素直に従うのが身のためだと説いておけば、奴隷が従順になるとでも思っているのだろうか。奴隷に必要なのは仕込むことであって、野生動物を手なずけるのと同じだ。ただし、繰り返しになるが、それは鞭を振りまわせばいいというものではない。むしろ初めは好きなだけ食べさせてやったほうがいい結果が出る。また気前よく褒めてやること。特に仕事に意欲を見せている奴隷は、褒められることでますますやる気を出す。また、奴隷にはそれまで崇めていた神々を無理にでも忘れさせ、あなたの家の守護神を拝むようにさせることだ。ローマの神々を知り、その神々がローマ人を偉大にしたのだと知れば、自分が奴隷なのは仕方がないことだと悟り、惨めな境遇も少しは受け入れやすくなるだろう。

奴隷がいったん仕事を覚えたら、そこからは仕事に応じて必要な量の食事を与えればいい。必要以上に与えると怠け癖がつくだけだ。いうまでもないが、厳しい肉体労働と軽い家内労働では必要な食事の量も異なるから、前者にはより多くの食料を割り当てなければならない。奴隷を働かせるには燃料となる食料が必要で、胃が空ではいい働きは望めない。わたしは所領を見て回るたびに、必ず奴隷たちへの割当量を自分の目で確認している。料理係が食材の一部をくすねるようなことを防ぐためである。また、主人が自分たちの食事に気を配っているとわかれば、奴隷もやる気を出し、いっそう仕事に励むようになる。奴隷の頭のなかには食事、仕事、罰の三つしかない。食事を与えて仕事を与えなければ、奴隷は怠け、態度も横柄になる。だが仕事と罰を与えて食事を与えなければ、暴力を振るうのと同じで、奴隷はたちまち衰弱する。なすべき仕事と十分な食事を与えるのがもっともいい結果を生む。報酬を与えなければ人をうまく使うことができないように、食事を与えなければ奴隷をうまく使うことはできない。奴隷にとっては食事が報酬なのだから。善行が何の得にもならず、悪行が何の罰も受けないとしたら世の中はうまくいかなくなるが、その点では奴隷も普通の人間と変わらない。

　したがって、奴隷たちの行動をよく見て、その評価を割当量に反映させることだ。いい働きをした者には、仕事の出来栄えに応じて特別の褒美を与えるがいい。ちょっとした追加の食料はいい褒美になる。わたしの場合は、家内奴隷がいい働きをしたら、褒美としてわたしたち家族の夕食の残りを回してやっている。また農場ではよく働いた奴隷に自由時間を与え、彼ら自身のために鶏や豚を飼育させたり、菜園を作らせたり、森へベリー摘みに行かせたりしている。あるいは特別にエトルリアのルナ産のハードチーズ〔今日のパルミジャーノ・レッジャーノのようなチーズ〕を与えることもある。奴隷用のワインを少し多目にやることもあるが、これには注意が必要だ。ワインを飲むと自由人でさえ行動がおかしくなるのだから、奴隷はなおさらのことで、余分に与えるのは特別なときに限るべきだし、その際には監視が欠かせない。

　奴隷に与える食品や量を決める際には、薬を処方する医者のようでなければならない。

奴隷一人ひとりに対し、その仕事にふさわしいと同時に、奴隷という身分にもふさわしいものを与えなければならない。奴隷の食事は純粋な栄養補給であるべきで、贅沢をさせてはいけない。基本になるのは全粒粉パン、塩、ブドウ、オリーブ油、つぶしたオリーブ、乾燥果実といったところだ。これらに加えて前述のチーズやワインを特別の褒美として与える。参考までに分量の目安を挙げておこう。

食料割当量の目安

◎冬のあいだ、鎖でつながれて働く奴隷たちには月に小麦三〇キロ。
◎夏には種まき、草むしり、収穫などの重労働が増えるので、月に小麦三五キロ。
◎ブドウ畑の仕事が始まるころから量を増やし、イチジクが熟すころから減らす。ただし、あのけちな大カトの手引きにあるほど減らしてはいけない。あそこまで減らすと奴隷たちが飢えて弱ってしまう。
◎管理人、家政婦、現場監督、羊飼いといった、それほど重労働ではない仕事の者には月に小麦二〇キロ。
◎オリーブ油は月に一パイント〔約半リットル〕、塩は月に半ポンド〔約二三〇グラム〕与える。

風で落ちたオリーブはできるだけ集めてとっておくといい。古い木になる小粒の実

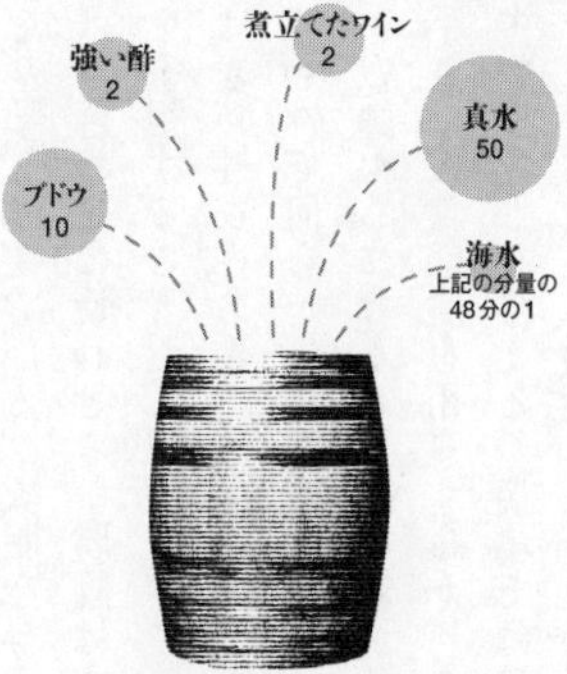

奴隷用ワインの作り方

Ⅰ　木の樽につぶしたブドウを入れ、ブドウ10に対して強い酢2を加える。
Ⅱ　さらに煮立てたワインを2、真水を50加える。
Ⅲ　櫂棒で日に3回混ぜ、これを5日間続ける。
Ⅳ　そこへ少し前に汲み上げておいた海水を加える。
Ⅴ　樽に蓋をし、10日間発酵させる。

これはカンパニア産のワインには遠く及ばないが、3カ月ほどは何とかワインとして飲める。
残った分を置いておけば、かなり酸味の強いすばらしい酢になる。

（ほとんど油がとれない）もとっておく。奴隷たちにはこれらのオリーブを少しずつ与え、なるべく長くもたせる。底をついてしまったら、代わりに発酵させた魚肉〔ガルム（魚醤）として上澄みをとった残り〕と酢を与える。

昼食のときはそれぞれ離れて座らせる。さもないと奴隷たちは無駄話を始め、いつまでたっても食事が終わらない。だが夕食は一緒にとらせてやることだ。その程度の交流は認めてやってもいいだろう。

食料と同様に、衣服も働きに応じて与える。よく働いた者には褒美として質のいい靴やトゥニカを与えるといい。仕事を怠けた者には、生活のあらゆる面においてそれがどういう結果をもたらすか理解させなければならない。農場の奴隷の場合、わたしは毎年一人につき一メートル丈のトゥニカ一枚と小マント〔掛け布のようなもの〕一枚を基準と考えている。衣服を与えるときは忘れずに古いものを回収し、女奴隷に渡してはぎ合わせに使わせる。履物は丈夫な木靴を年に一足与える。すべて見た目より実用性を重視することだ。風雨や寒さから身を守る必要があれば、長袖の革のトゥニカ、つぎはぎの外衣、あるいはフードつきのマントなどを与えるといい。そうすれば天気が悪くても外で何らかの作業ができる。

奴隷たちにはそれなりの寝場所を確保してやらなければならない。家内奴隷の場合は小さい奴隷部屋を用意するか、あるいは物置に寝かせ、古いマットレスと毛布代わりの古いマントを与える。農場では適当な建物の梁の上の空間を使わせるといい。厨房が十分広く、火事の危険もないようなら、その梁の上を憩いの場としてやってもいい。そこなら一年中使える。最悪なのは農場の土牢に寝泊まりさせることである。そんなところに押し込めたら、奴隷たちは意気消沈するばかりで働かなくなる。

今日、帝国のどこへ行っても農地を耕しているのが奴隷であって、かつてローマの発展に寄与したあの自由農民たちではないというのは、何とも嘆かわしい話である。今や畑を踏みしめるのは足枷をつけられた足であり、耕すのは罰として手枷をはめられた手であり、汗を流すのは烙印を押された顔である。誇り高い自由農民が不作法で怠惰な奴隷にすり替えられてしまったことに、大地の女神《テラ・マーテル》が気づかないはずはないのだから、農場から昔ほど利益が上がらないのは当然のことだろう。特に問題なのはモチベーションの欠如である。奴隷は収穫がよかろうが悪かろうが食事を与えられるのだから、必死で働く理由がない。とはいえ、モチベーション不足を少しでも補い、労働効率を上げるための方策がないわけでもない。

第一に、すでに述べたようにいい働きにはきちんと報いることで、これは何度強調してもしすぎることはない。さんざん苦労したのに怠けていた奴隷と同じ食事しかもらえないとしたら、どんな奴隷でもやる気をなくす。奴隷一人ひとりに長期目標をもたせることも重要である。あなたにその意思があるのなら、一生懸命働けばいずれ自由になれるという希望をもたせてやるのもいい。長年の労働に解放という報酬で報いることは理にかなっているし、やる気を出させる手段としても効果がある。目標が達成可能なものだと思えれば、奴隷はそれに向かって邁進する。子供をもたせるのもいい方法だ。懸命に働けば家族がもてるというのは喜びであり、いい刺激になる。逆にもし期待を裏切ったら、罰として子供を別の主人に売ってしまうこともできる。とりわけ働きがよかった者たちに特別の休暇を与えるというのも効果的である。

第二に、役割分担を明確にするといい。分担が明確になれば責任の所在も明らかになる。何かがうまくいかないとき、誰が咎められるかを奴隷たちも承知していることになる。逆に仕事が分担されず、誰もが同じことをやるとしたら、誰も責任を感じないだろう。一人だけ頑張っても恩恵を受けるのは全員だし、全員で怠けたとしても責任はうやむやになる。だとしたら後者のほうがいいことになってしまう。したがって、家畜の飼育と農作業ははっきり分けるべきだし、穀物畑とブドウ園の仕事も分けるべきだ。

仕事を分けると同時に、使う農具の手入れもそれぞれの責任とする。雨ざらしにしない、汚れを落として油を塗る、そこらに放り出さずにきちんとしまうといったことを徹底的に教え込んでおくことだ。道具類を買い換えるにはかなりの費用がかかるし、新しい道具が来るまで仕事が数日止まることもありうるのだから。奴隷一人ひとりに自分専用の道具をもたせ、その代わり手入れにも責任をもたせて、怠った者を罰することにすれば、そうした無駄はかなり省ける。

役割分担の利点はもう一つある。それはあなたの領地を自給自足状態に近づけられることだ。奴隷のなかに羊毛刈りができる者も、理髪師も、鍛冶屋もいるとなれば、高い金を払って外部の人間を雇う必要がなくなる。

なお、奴隷はグループで働かせると仕事が早くなり、集中するようになり、出来もよくなる。監視しやすい人数ということで、一〇人程度を一グループにするといい。それ以上多くなると監督者の目が行き届かなくなる。そしてグループごとに農場の異なる場所に配置する。グループ内の仕事の分担は、単独ないし二人組でグループから離れる者が出ないように気をつけることだ。分散してしまうとこれまた監視がおろそかになる。

前述の内容と重なるが、グループの人数が多すぎると個々の奴隷の責任感が薄れる。大集団のなかでは何事もわけがわからなくなってしまう。しかし適当な人数のグループなら互いに競い合うことになるし、誰が怠けたかもすぐにわかる。若干の競争は仕事を面白くするし、手を抜いたのが誰かはっきりしていれば、その奴隷が罰せられても誰も文句をいわない。

奴隷に割り当てる仕事は一人ひとりの身体的特徴や性格を考え、最適なものとなるように配慮しなければならない。たとえば牧夫は勤勉でやりくり上手な奴隷が向いている。この仕事には集中力と技能が求められ、体格や体力よりもこの二つの資質がものをいう。牛飼いにはもう一つ要件があり、声が大きくなければならない。そうでなければ牛を怖がらせることができず、いうことを聞かせられない。だが同時に優しさも必要で、残忍な奴隷は牛を虐待するだろうし、そうなれば牛のほうもますますいうことを聞かなくなり、虐待に怯えたり傷を負ったりして衰弱してしまう。

耕夫は背が高いほうがいい。畑を耕すときは立ちっぱなしだが、鋤の柄に体重をかけるから、背の高い男にとってはほかの作業より楽だ。雑役夫については背が高かろうが低かろうが、どんな体形だろうがかまわない。大事なのは重労働に耐えられるかどうかである。一方、ブドウ畑には肩幅の広い、筋骨たくましい男たちを回すといい。土を掘り返すにも刈り込み作業にもそのほうが役に立つ。またブドウ畑の仕事はグループ作業が主で、監督しやすいから、ずる賢くてあまり信頼できないような奴隷でも何とかなる。

ずる賢い奴隷の多くは、よくいえば頭がいいので、力だけでなく頭も使う緻密な管理が必要なブドウ栽培に向いている。ブドウ畑で足枷をつけた奴隷を多く見かけるのはそういうわけだ。もっとも同じように賢いなら、ずる賢い奴隷より正直者の奴隷のほうがいいことはいうまでもない。

ところで、あなたは農場の仕事には奴隷を使うものと思い込んでいないだろうか？実は必ずしもそうではない。たとえば耕作が難しい土地には特別な配慮や努力がいるので、奴隷ではなく自由身分の小作人に任せるほうが確実である。またブドウの収穫のようにとりわけ重要な作業にも自由人を雇ったほうがいいかもしれない。牧夫にも固有の問題があり、必ずしも奴隷が向いているとはかぎらない。雨風にさらされるだけではなく、盗賊や野生動物に襲われる危険もある困難な仕事なので嫌がる者も多い。そのうえファミリアから離れ、人との交わりを絶たれた状態に少人数で長期間置かれる孤独な仕事である。そうした仕事には貧しい自由人を雇うのがいちばんだ。彼らは生活のために稼がなければならず、そのためにはどんな仕事でも真面目にこなすので信頼できる。孤独な仕事ということは、裏を返せば監督の目が行き届きにくいということで、牧夫に奴隷を使うならその点を覚悟しなければならない。遊牧に出ていくたびに盗みを働いたりけんか騒ぎを起こしたりと問題が生じる。なお、どの家畜をどの奴隷に任せるかは、家畜の種類と奴隷の背格好がつり合うように選ぶといい。大きな動物には年齢が少し上の者を、小動物には少年奴隷を当てることだ。群れを追って丘陵地帯や牧草地帯を回る仕事には、農場内での家畜の世話より体力が上の奴隷を当てる。牧草地に若者が多く、農場内の囲いのなかに少年や若い娘が多いのはそれが理由である。

牧夫は基本的に一日中群れとともに過ごさせる。夜もそうである。また全員を一人の牧夫頭にまとめさせ、すべての報告を受けさせる。頭は一目置かれる存在でなければならないから、年齢が上で経験を積んだ者を当てる。ただしあまり年寄りだと体力的に難しい。群れを追う遊牧に耐えられる老人はそうはいない。特にヤギの場合は起伏の多い急峻な山腹を渡っていかなければならないので、まず無理だろう。

遊牧に必要なのはたくましく、俊敏で、動作がしなやかな、家畜の群れを野生動物からも家畜泥棒からも守ることができる男たちである。駄獣〔荷役用の動物〕の背中に軽々と荷物を載せる力が必要だし、走るのも得意でなければならず、また投石器を使いこなせなければならない。わたしの経験からいえば、部族によっても向き不向きがある。ヒスパニアのバストゥリ人やトゥルドゥリ人に家畜の世話は任せられないが、ガリア人は向いていて、特に駄獣の扱いが巧みだ。人数については第一章で述べた通り、わたしは羊八〇頭から一〇〇頭当たり一人、馬やラバは五〇頭当たり二人置いている。

頭《かしら》の役割は重要で、家畜や牧夫に必要なものをすべてそろえるのもその仕事の一つである。なかでも大事なのは牧夫たちの食料と、家畜の世話に必要な道具である。また主人のために記録を残す必要があるので、読み書きもできなければならない。字を知っていれば、家畜や牧夫がかかりやすい病気の対処法も書き留めることができるし、そうした記述は遠くへ遊牧に出て医者がいないとき助けになる。

さて、奴隷は働いていないときは寝ているべきだと考えたのは大カトである。実際、大カトは自分の奴隷たちがよく眠ることに大満足だった。そういう奴隷のほうが目ざとい奴隷より管理しやすく、また寝不足の奴隷より従順だと信じていたからである。大カトには独自の奴隷管理法があり、たとえば自分か妻が直接命じて使いに出すのでないかぎり、家内奴隷が家を出ることを許さなかった。使いに出す場合は、寄り道のきっかけになるといけないので、他人と口をきくことを禁じた。また奴隷が手に負えなくなるのは性欲が原因だと考え、一定の金額で女奴隷と交わる機会を与えた。だが恒久的な関係は、それが婚姻であろうがなかろうが一切許さなかった。しかしこうしたやり方では家を切り盛りできないだろう。相手が卑しい奴隷であろうとも、やはり最低限の配慮は必要ではないだろうか。

病気になった奴隷、年老いた奴隷を非生産的な役立たずと考える人々もいるが、これも問題がある。大カトは奴隷は年をとりすぎたら売り払うべきだといった。つまり奴隷というものはなるべく安く買って、大いに働かせて、あとは放り出せばいいという考え方で、働けなくなったら食事も与えようとしなかった。しかしわたしは、またわたしが知る奴隷所有者の大半は、そのような考え方はあまりにも無慈悲だと思っている。独裁官〔非常事態時に期間限定で置かれる、強い権限をもつ官職〕のホルテンシウスなどは病気の奴隷より病気の魚のほうを心配したというのだから、何とも嘆かわしい〔古代ローマでは高級魚が珍重され、富裕層のなかには家に養殖池をもつ人もいた〕。いずれにせよ、今日では奴隷を捨てるのは法律違反である。奴隷はラバのようにこき使い、使えなくなったら捨てればいいという考え方は、主人と奴隷のあいだに何の絆も認めないということであって、それは間違っているとわたしは思う。

奴隷所有者は自分に従属する者に責任を負うべきだ。病気の奴隷を手元に置くのは金銭的な負担になるが、それでも健康を取り戻す機会くらいは与えてやり、元気になるまで仕事を軽くしてやるべきではないだろうか。年老いた奴隷には何か軽い仕事を任せればいいし、そうすれば彼らも家に貢献しつづけられる。わたしは門番や子供の学校の送り迎えなどをやらせている。奴隷が負う運命は厳しく、老年期まで生き延びる例はあまり多くないのだから、慈悲をもって接するべきだ。

余談になるが、以前ある老いぼれの門番のことでばつの悪い思いをしたことがある。古い友人の田舎の別荘を訪ねたとき、よぼよぼの奴隷が入口で番をしていたので、わたしは友人にこう訊いた。「あんな老いぼれをどこで見つけた？　何だって墓場から死体を盗んできて門番させているんだ？」。すると友人はこう答えた。「おいおい、覚えていないのか？　フェリキオだよ。子供のころサトゥルナリア祭のときによく遊んだじゃないか。父の所領の管理人をしていたピロシトゥスの息子で、遊び仲間だったろう？」。だがわたしにはぴんと来なかった。「冗談だろう？　あんな歯抜けの老いぼれが同年代のはずがない」。友人はそれ以上何もいわなかったが、その顔を見ればいいたいことはわかった。そうだ、三人とも同じように年をとったが、フェリキオは奴隷暮らしのせいでわれわれよりはるかに老けてしまっていたのだ。それにしてもこの友人はよく覚えていたものだ。当時フェリキオはまだ少年奴隷だったのに。

少年奴隷の話が出たついでに、子供の奴隷を何歳から働かせるべきかという問題に触れておこう。わたしはなるべく早く、遅くとも五歳までに仕事を始めさせるのがいいと考えている。幼い子供でもできることはいろいろある。小動物の世話や、庭のちょっとした草取り、宴席でワインを注ぐ係などである。女の子なら簡単な機織りや台所の手伝いがいい。そうしたちょっとした役割を与えることで、早く仕事に慣れさせると同時に、自分の立場をわきまえさせることもできる。

奴隷の仕事の話に戻るが、人選にもっとも注意が必要なのは農場管理人である。領地の管理を一手に担う奴隷なのだから慎重に選ばなければならない。管理人がしっかりしていれば、あなたは安心して身分相応の余暇を楽しむことができる。逆に人選を誤れば、農場の生産性が落ち、規律も乱れ、問題解決のためにあなた自身が始終出向かなければならなくなる。とはいえ政治的・社会的活動の基盤はローマにあるのだから、そこを始終留守にするのは避けたいところだ。そこでわたしの場合は早めに候補者を選び、直接仕事の手ほどきをして、わたしの意図を汲める管理人になるように指導している。まず二十代前半の奴隷のなかから考え方や行動がしっかりした者を二、三人選び、少しずつ上の仕事を任せていく。また役割を交代させ、各人が農場の仕事を一通り経験できるようにする。こちらの期待を裏切ったら、あるいは進歩が見られないときは、元の仕事に格下げする。いい結果が出たら必ず褒めるようにし、わたしに取り入って優遇されているわけではないことを周囲に示す。当然のことながら、もし彼らが自分を売り込むような態度を見せればすぐに罰し、売り込みなど何の役にも立たないこと、懸命に仕事をして結果を出すしかないことを悟らせる。

管理人の人選でもっとも大事なのは容姿端麗な奴隷を選ばないことだ。なかでも恰好をつけて街をうろつくような奴隷を決して管理人にしてはいけない。街なかの酒場だの娼家だのに行きたがる奴隷は、いつまでたっても浮ついた夢を見つづける。そうした性癖は家内奴隷としても困りものだが、農場管理人となれば困る程度ではすまない。所領を任されたとたんに職権を乱用し、あなたの資産を土台から腐らせてしまうだろう。

一般論として管理人にどういう奴隷がいいかという話であれば、子供のころから農場の仕事をしてきて、実績からその力量がわかっている者がいい。そういう奴隷がいない場合は、グループ作業を着実にこなしてきた者がいいだろう。年はあまり若すぎず、三十代がいい。若すぎると他の奴隷に命令できない。年輩の奴隷たちは若者に命令されるのを嫌がるし、管理人のほうも萎縮してしまう。かといってあまり年をとりすぎていると、これまた重責に耐えられない。農場の仕事を幅広く経験している者にしたことはないが、それが無理なら、やや完璧主義で、知らないことをそのまま放っておけず、自ら学ぼうとする者を選ぶのがいいだろう。基本的に管理人はすべてを知っていなければならないから、知識に不足があればすぐに補う姿勢が求められる。相手のほうが知識が上では命ずることもできない。なお、読み書きができるかどうかよりも記憶力が求められる。場合によっては、帳簿をごまかす恐れがないという意味で、読み書きができないほうがいいかもしれない。

管理人は牧畜の経験も積んでいるほうがいい。さらに共感というものを知っているべきで（奴隷として可能な範囲でということだが）、それを知っていれば優しすぎず、厳しすぎず、うまくバランスをとれるだろう。管理人は働きのいい奴隷たちに調子を合わせて盛り上げてやる一方で、出来の悪い奴隷たちに忍耐を見せる必要もある。残忍なことで嫌われるのではなく、厳しいことで恐れられるようでなければいけない。それには管理人自身が手抜きをしないことが肝心で、自ら下の者たちの手本となるべきだ。出来の悪い奴隷も含めて全員を監督するには、とにかく日々の仕事を毎日きちんとやらせるしかない。管理人にはその点を主人からはっきり伝えておく必要がある。つまり全員に目を配ること、彼らの仕事ぶりを始終見て回ること、すべてが順調に運んでいるかどうか確認すること、これが基本である。そこを明確にしておかないと、いつの間にか管理人が何かを見落とすようになり、やがて「奴隷たちの出来が悪くて手に負えません」と音を上げることになる。本来は問題のある奴隷こそ管理人が監督すべき対象なのだから、それでは何の意味もない。

管理人や作業長など、奴隷のなかでも上に立つ者たちには特別な報酬を与えて士気を高め、いっそう仕事に精を出すよう後押しするといい。彼ら自身が金や物を所有することを認めてやり、好みの女奴隷と一緒に住まわせてやるがいい（あなたが奴隷同士の事実婚を認める場合の話である）。妻子をもてば腰を据えて仕事に取り組むようになり、あなたの家の繁栄に貢献したいと思うようにもなる。また彼らの立場にふさわしい敬意を示してやれば、心をつかむこともできる。信頼に応えようとする態度が見られるなら、仕事のことで彼らの意見を訊くのも悪くない。たとえば今優先すべき仕事は何かとか、それを誰にやらせるかといったことを相談するのである。そうすれば彼らは自分が見下されていない、対等に扱ってもらえていると感じ、やる気を出すだろう。もちろん食料や衣服の割り当てを増やすのも有効である。

わたしは新しい管理人に次のような訓示を与えることにしているが、それは彼らがより公正であるように願ってのことだ（ほとんどは昔ながらの決まりきった内容だが、それでもいっておく価値がある）。まず、主人の家や地所の仕事以外に奴隷を使わないこと。この点は釘を刺しておかないと、管理人が自分のために奴隷を走りまわらせるようになってしまう。次に、食事は下の者たちと一緒にとり、同じものを食べること。働き疲れた奴隷たちにとって、上に立つ者が自分より贅沢な食事をしていることほど腹立たしいものはない。また同じものを食べろというのは、下の者たちにも滋養のある食べ物が行き渡っているかを確認させるためであり、それも管理人の仕事だと自覚させる意味もある。

さらに、主人が許可した場合を除き、奴隷たちを領地の外に出さないこと。主人が不在のとき、火急の用事でもないかぎり、ほかの者に権限を委譲しないこと。片手間に自分の商売をしないこと。それを許せば注意散漫になるだけだ。また、主人の金を家畜や物に投資しないこと。投資目的の売買も彼らの注意を散漫にし、肝心の仕事がおろそかになる。管理人は主人の資産の健全な運営に注力させるべきで、さもないと、ある日資産の内訳を見たら売れ残りの粗悪品の山だったという事態になりかねない。

管理人にいっておくべきことはまだまだある。たとえば、占い師だの魔術師だのを領地内に立ち入らせないこと。そういう連中は奴隷たちを煽り、でたらめや迷信を吹き込み、珍奇な呪文や得体の知れない薬を売りつけるものと相場が決まっている。管理人自身、仕事上必要なものを買うとき以外町に出てはならないこと。週に一度の市に行くだけでも十二分に事足りるはずだ。そもそもの資質として、あちこち出かけるのが好きな者ではなく、何かを学ぶ必要があるからその場所へ行くという者が管理人にふさわしい。たとえ意味のある外出でも、距離的に可能なかぎりその日のうちに戻ること。農場のなかに勝手に道を造ってはならないこと。農場を横切る抜け道は部外者の不法侵入を促しかねない。主人の家族と親しい友人以外に部外者を招じ入れてはならないこと。

また基本的な心構えとして、知ったかぶりをするなといっておいたほうがいい。管理人は自分の知識を過信することなく、知らないことを積極的に学ぶようでなければならない。新たな技能を習得すればそれだけ仕事の質が上がるし、大きな損失につながる失敗も減らせる。農業はそれ自体が難しいわけではないが、奴隷たちがやるべきことをきちんとやりつづけなければうまくいかない。しかも収益が上がるまでに長い時間と多額の資金を要するため、失敗すると取り返しがつかない。したがって、知ったかぶりをしないという基本を最初に教え、無知によるトラブルや損失を防がなければならない。

ここで管理人が守るべきことを具体的に挙げておこう。あなた自身が管理人を監督する際の参考にしてほしい。

管理人の心得

◎規則を維持する——ただし不必要に厳しすぎてはいけない。
◎奴隷たちを仕事に集中させ、余計なことに首を突っ込ませない。
◎宗教行事をおろそかにしない（神々を満足させ、豊かな実りを得るため）。
◎主人のものを盗まない。
◎領地内のもめ事を収める（奴隷は得てしてけんかっ早い）。
◎奴隷たちを寒さや空腹から守る。
◎自分が問題を起こさせまいと思えば、問題は起きにくくなるのだと肝に銘じる。
◎よい働きには褒美を、失敗には罰を。
◎悪事を犯した者の処罰は、損害の大きさを考慮して適正に行う。
◎むやみに領地を離れない。
◎酒を慎み、外食をしない。
◎自分のほうが主人より賢いと思ったり、そういう態度をとったりしない。
◎主人の友人に自分の友人であるかのように接しない。
◎主人の言葉のすべて、また主人が聞けというすべての人の言葉に従う。
◎主人の許しがないかぎり、誰にも金を貸してはならない。
◎主人が貸しつけあるいはその延長を認めないときは、直ちに相手に返済を求める。

◎種子、飼料、大麦、ワイン、オリーブ油を誰にも貸してはならない。
◎隣接した二、三の領地の住人と懇意にし、必要なときに人手、物、道具を借りられる関係を築いておく。
◎主人とともに定期的に帳簿を調べる。
◎むやみに日雇い労働者に頼らない。続けて二日以上雇わない。
◎主人の許しがなければ何も購入してはならない。
◎主人に隠し事をしてはならない。
◎奴隷たちをえこひいきしてはならない。
◎予言者、占い師、占星術師に助言を求めてはならない。
◎穀物の種をけちらない——けちると最悪の結果になる。
◎自分が領地内の仕事をすべて把握しているかどうか常に気にかけ、知識に不足があれば補う。また、そうすることによって奴隷たちが何を考えているのか理解する。
◎下の者は自分のことをわかってくれる人間のために喜んで働くということを忘れない。
◎健康を維持し、よく眠る。
◎夜寝る前に、農場のどこにも問題がなく、家畜にきちんと餌が与えられ、奴隷全員がいつもの場所で眠っていることを確認する。
◎朝は誰よりも早く起き、夜は誰よりも遅く寝る。

一方、女奴隷頭、つまり女奴隷たちのまとめ役も重要で、人選には特別の配慮を要する。一般的にはその女が管理人の妻となる。管理人の妻の働きがよければ、間違いなく農場の利益向上の助けとなる。機織りや繕いもの、病人の看護など、さまざまな家内労働がスムーズになり、農場の自給自足の度合いが高まるからだ。

天気が悪くて女たちが戸外で働けない日には、管理人の妻が差配して編み物や縫い物をさせる。糸紡ぎや機織り、梳綿《そめん》（カーディング）もさせる。こうして領地内で奴隷たちの衣服を作れば節約にもなる。

天気がいい日には管理人の妻が領地内を見まわり、奴隷たちが全員仕事に出ているか、納屋でさぼったりしていないか確認し、休んでいる者を見つけたら問いただす。そういう場合、奴隷は体調が悪いと訴えるのが常なので、管理人の妻はそれが嘘か本当かを見極めなければならない。そして本当に病気だと思えば病室に連れていく。また仮病だとわかっても、それが過労のためだと思えるなら、自分の裁量で病室へ連れていって一日だけ休ませることができる。長い目で見れば、無理に働かせて本当に病気になるより休ませたほうがいいからだ。とはいえあまり手ぬるくてもいけないので、そのあたりの加減ができなければならない。

管理人の妻はとにかくあちらこちらの様子を見て回り、すべてが順調かつ効率的になされているか確認するのが仕事なのだから、座って休む暇などない。機織りの様子を見に行ったついでに、織り手に新しい織り方を伝授する。自分が知らない織り方を知っている奴隷がいれば、すぐに教わって習得する。厨房にも足を運び、奴隷たちの食事の割り当てを確認する。厨房も畜舎も掃除が行き届いているか確認する。特に豚小屋は清潔でなければならない。病室も見て回り、病人がいないときでも掃除をさせ、いつ病人が出ても受け入れられるように整える。

このように管理人とその妻の役割は重要で、逆にいえば、彼らが勝手なことを始めたらあなたの農場はとんでもないことになる。だからこそ人選が大事なのだ。ずいぶん前になるが、ぞっとする話を聞いたことがある。ある管理人が主人に黙って領地の一部を売ってしまい、その金で収益が上がったように見せかけ、自分の手柄だという顔をしていたというのだ。またある管理人は領地の木をほとんど伐採し、それを二万セステルティウスで売り、そのうち一万セステルティウスを会計に足して利益を膨らませ、残りの一万セステルティウスを懐に入れたそうだ。悪質な管理人はあなたの資産を少しずつ切り売りして数字を粉飾する。やり方が巧みであればあなたは最初のうち気づかず、むしろ収益が増えたと喜ぶかもしれない。そして管理人の手腕に満足し、褒美に食料の割り当てを増やしたり、上等の服や休暇を与えるかもしれない。何かがおかしいと気づいたときにはすでに農場の半分が売られていたり、収益を上げるのに必要な資材がすべて持ち去られてしまっていたりするだろう。あなたは激怒して管理人を厳罰に処するだろうが、もう後の祭りである。農場を元の状態に戻すには相当の時間と金がかかるにちがいない。

ではどうすればこうした事態を防げるのだろうか。人選についてはすでに述べたが、次に大事なのはあなた自身が定期的に領地を視察することだ。管理人の不正行為を未然に防ぐにはそれしかない。主人の目が届かないと奴隷が堕落するのは疑いようのない事実である。そしていったん堕落すると、彼らの欲もずうずうしさも増す一方となり、農場の管理を海賊に任せているのと同じことになってしまう。領地が遠ければしょっちゅう行くわけにはいかないが、だとすれば奴隷を使うのではなく、自由農民に土地を貸して地代をとることを考えたほうがいいだろう。奴隷に任せっぱなしにすればあなたの領地は徐々に崩壊していく。彼らは勝手に家畜を貸し出すだろうし、餌も十分やらないだろうし、土地も十分耕さないだろうし、種をたくさんまいたふりをして、実は半分を売って代金を懐に入れるだろう。それでも若干の収穫は得られるだろうが、それさえ盗みとごまかしの対象になり、ますます減ってしまうだろう。しかもそのような場合、だいたいは管理人とその配下の奴隷たちがぐるになる。全員が不正行為によって得する側にいるのだから当然のことで、あなたに勝ち目はない。

だからわたしは予告なしに視察に行くことにしている。主人のために整えられた状態ではなく、普段のあるがままの状態を見るためだ。到着したらすぐ管理人を呼び、そのまま一緒に視察を始める。あらゆるところを回り、各部門の奴隷たちとも直接顔を合わせる。そして不在のあいだ規律に緩みはなかったか注意深く見極める。ブドウ畑のなかにも入り、手入れに抜かりはないか、実が盗まれていないか自分の目で確かめる。家畜の頭数、奴隷の人数、農機具の数を数え、管理人の台帳と突き合わせる。こうしたことを毎年続けていれば、領地の規律と秩序は保たれ、年をとっても安心していられる。定期的な訪問さえ続けていれば、あなたがどれほど年老いても奴隷たちは軽んじたり裏切ったりせず、むしろあなたにふさわしい敬意を払うだろう。

急に老後の話になってしまったが、なぜかというと、実は最近、視察の際に自分の年を思い知らされたからだ。ある領地の視察に行ったところ、古い建物のあちこちに問題が出ていたので管理人に文句をいった。すると管理人が、それは自分のせいではなく、建物があまりにも古いので木材が朽ちてきているのだというではないか。そこで思い出した。これを建てさせたのはわたしが青年のときだったと！　それで何だかむしゃくしゃしてしまい、節くれだったプラタナスの木についても手入れがなっていないと管理人に食ってかかった。するとまたしても、この木は古いですからといわれてしまったのだ。そう、たしかにそうだ。その木もわたしが植えたのだ！

視察の際には不愉快な発見をすることもある。以前イタリア半島の南部に土地をもっていたことがあるのだが、そこへ視察に行ったときの話だ。視察の途中で花畑にさしかかると、荒縄で縛られ、熊手をもった女がわたしの足元にひれ伏した。頭を剃られ、垢にまみれ、トゥニカも破れている。女は「どうかお慈悲を」と泣きついてきた。「わたくしは自由身分の生まれですが、海賊に捕まり、こちらに売られてまいりました」。言葉遣いも優雅なら顔立ちも高貴で、生まれのよさは明らかだったので、わたしはその言葉を信じた。

しかも女はここに来てから管理人に手籠めにされそうになったという。そして、どうか自分を解放してほしい、海を渡って家族のもとに帰ったら、自分を買うときに管理人が支払った二〇〇〇セステルティウスを必ず返済するからと懇願した。さらにトゥニカを裂いて、管理人に鞭打たれた傷まで見せた。

わたしは心底同情し、「心配なさるな。故郷に戻りなさい。返済の心配など無用だ。高貴な生まれの美しい女性がこんな目にあうなど、あってはならないことなのだから」といってやった。そしてさっそくソステネスという恥ずべき管理人を呼びつけた。「何と情けないやつだ。主人であるわたしでさえ、奴隷にこんな傷を負わせたことはないぞ。たとえ相手がいちばん役立たずの奴隷でもだ！」。ソステネスはすべてを白状し、その女を気に入ったので海賊から買ったと認めた。わたしはソステネスを即座に格下げし、その女奴隷たちに命じてその女を風呂に入れさせ、新しい服を着せ、国に帰してやった。

ひょっとしたらあなたは、いくら生まれがよさそうでも、すぐ自由にしてやるなんて頭がおかしいのではないかと思ったかもしれない。だがわたしはある程度広い心で奴隷に接するべきだと思うし、それは主人の得にもなることだ。だからわたしは罰として牢屋に入れられた奴隷にも公正な目を向ける。様子を見にいき、きちんと鎖につながれているか確認するとともに、いくつか質問をして不当な罰を受けた者がいないか確かめる。奴隷のあいだにも複数の階層があり、いちばん下にいる者たちが罪を押しつけられて不当に罰せられることもある。しかも最下層の無知な奴隷ほど、不当な扱いに腹を立てると危険な存在になる。だから時には発散が必要で、わたしなどは彼らに管理人や現場監督への苦情をいう機会を与え、たまにはその苦情を認めて対処することさえある。欲求不満を解消させることで面倒事が起きるのをある程度未然に防ぐことができるし、最下層の奴隷でもたまには意見がいえるという状況を作っておけば、管理人その他の監督者たちも行動に気をつけるからだ。

あなた方も容易に想像できるだろうが、主人の奴隷に対する態度より、奴隷同士のほうがはるかに暴力的だ。奴隷たちは常に地位の奪い合いをしていて、どっちが上だ下だと口論し、些細なことで侮辱されたと騒いでけんかをするし、それが単なる言いがかりであることも少なくない。だから下の者を痛めつけてばかりいる奴隷には目を光らせ、ある種の圧力をかけることで自制を促さなければならない。さもないと下の者たちがその奴隷の恐怖支配に怯えることになりかねず、やがて暴力を振るわれて、奴隷として役に立たなくなってしまう。これもまた、同じ部族の奴隷をあまり多く置かないほうがいい理由の一つである。どうやら出身地が同じだと互いに細かい違いが気になるようで、ちょっとしたことですぐ口論やけんかになる。

もう一つ忘れてはならないのは、奴隷があなたにとって大きな投資であり、その資産価値を維持する必要があるということだ。その価値を下げるような行為から奴隷たちを守らなければならない。気立てのいい奴隷を騙して悪事に手を染めさせようとする者がいれば、それは違法なのだから黙って見ていてはいけない。もともと性質の悪い奴隷をそそのかして道を踏み外させる（逃亡や盗みなど）のも違法であり、そそのかした者には賠償を請求することができる。もともと性質が悪いからといって、よそ者がそそのかしていいことにはならないのだ。つまりいい奴隷を悪くする場合でも、悪い奴隷をさらに悪くする場合でも、第三者があなたの奴隷を堕落させれば罪になる。賠償請求の対象となる行為には実にさまざまなものがある。たとえば、何人もあなたの奴隷に勘定をごまかさせてはいけないし、性の相手をさせてはならないし、魔術に耽らせてはならないし、娯楽に夢中にならせてはいけないし、裏切り行為をさせてはいけないし、読書という贅沢を教え込んではいけないし、反抗的な態度をとらせてはいけないし、賭け事に手を染めさせてはならないし、同性愛の手ほどきをしてはならない。

それが暴力による強制か、言葉による巧妙な誘いかを問わず、主人は奴隷の資産価値を損ないうるすべての危険に対して、警戒を怠ってはならないのである。

解説

古代ローマ時代の上流階級はその多くがストア哲学の影響を受けていました。奴隷に関するストア哲学の考え方は、奴隷所有者は奴隷の身体のみを所有しているのであって、精神は自由なままだというものでした。本質的に奴隷も幾分かは人間としての価値をもつのだから、それなりの扱いが求められるという意味です。この考え方が拡大解釈され、セネカのように奴隷も自由身分の使用人と同じように適正かつ公正な扱いをするべきだと考える人も現れました。しかし、そのような考え方がどこまで浸透していたかはよくわかっていません。古代ローマの奴隷所有者のほとんどが、奴隷も含めてファミリア全員に何らかの義務を負うと考えていたと断言できたら、どんなにいいでしょう。たとえそれが資産を守るという利己心からくるものだったとしてもです。

奴隷の教育の必要性や内容は任される仕事によって大きく異なっていました。農作業であればほとんど教育の必要はなく、すぐ畑に出すことができました。今日に残るローマ時代の農業指導書を見ると、監督者には野心的な奴隷を選ぶべきだという点が力説されています。農地の運営が日々順調にいくかどうかは監督者にかかっていたからです。都市の邸宅は事情が異なりますが、それでもファミリアの規模が大きければ、奴隷の教育に当たるのは主人ではなく、やはり年輩の奴隷たちだったことでしょう。また、奴隷身分に慣れさせるためのある種の調教がどの程度必要だったかはわかりませんが、一部のローマ人が家内出生奴隷を好んだ理由の一つは、奴隷であることに慣れているから、つまり調教の必要がないからでした。セネカはなりたての奴隷に哀れみをもてと説いていますが、それはつまり、ほとんどの主人がそうではなかったからでしょう。セネカは当時の常識に異議を唱えたと考えるのが妥当ですし、そうでなければ当時の読者が興味をもって読むはずがありません。

農業指導書には奴隷に与える食料についての記述もありますが、想像通りに質素なものです。衣服も同様で、粗末で必要最小限のものしか与えられませんでした。ただし奴隷たちは自ら狩猟採集をしたり、自分たちの家畜や菜園をもつことを許され、それによって不足を補っていたかもしれません。足枷をつけて働く奴隷たちにはそのような機会さえ与えられなかったでしょうが、奴隷のなかでも少し上の地位にある者たちはそれなりに特権を与えられ、少しは快適な生活ができたと考えられます。

古代ローマの文献をいろいろ調べても、農場における奴隷使用の経済的メリットについてはあいまいな記述しか出てきません。その理由の一つは、管理に多大な労力を要したからだと思われます。当時は一般的に、奴隷はなるべく働くまいと努力するが、自由身分の小作人はできるかぎりの利益を上げようと努力すると考えられていました。つまり奴隷制農場は、共和政ローマの繁栄を支えた実直な自由農民というローマの理想の対極に置かれていたのです。ローマの土地を耕しているのがどこかから連れてこられた奴隷だというのは嘆かわしいこととされ、進歩とは見なされませんでした。広大な土地を所有するのはしょせん財力の誇示にすぎないとする人々もいて、大勢の奴隷も誇示の一部とされました。実際にも、大土地所有者のほとんどは奴隷だけではなく、自由農民も使いながら、さまざまなやり方で土地を耕させていたと思われます。

老いた奴隷、あるいは病気になった奴隷の扱いですが、これも主人によってさまざまだったでしょう。ただし、ティベリス川の中州に捨てる例があったのは事実です。クラウディウス帝〔在位四一～五四〕はこの慣習を禁じようとしましたが、これも奴隷の待遇改善のためというより、ローマの中心にそんな場所があるのは迷惑で、厄介事の原因になりかねないと考えてのことだったかもしれません。セネカは奴隷に対して大方のローマ人よりはるかに寛大で公正な考え方を説いていましたが、そのセネカでさえ、老いた奴隷が子供のころの遊び仲間だとは気づきませんでした（老いた門番の話）。いずれにせよ、年をとってもはや働けず、資産価値のなくなった奴隷に対して、当時の奴隷所有者たちがそれほどの金をかけたとは思えません。例外があるとすれば、子供のころ自分の面倒を見てくれた世話係など、個人的なつながりが強い奴隷に対してだけだったでしょう。

老人ではなく子供の奴隷の扱いはどうだったかというと、当時のある法律文から、五歳までには仕事を始めさせていたと考えられます。奴隷の場合は教育を受けさせる必要がなく、また農場にしろ都市の邸宅にしろ、子供でもできる軽い仕事はいくらでもあったので、当時としては自然なことだったかもしれません。

農場管理人についてですが、これは大土地所有者にとってもっとも重要な存在でした。古い文学には悪事を働く農場管理人が頻繁に登場し、その点では聖書も例外ではありません。大土地所有者のほとんどは都市で暮らし、遠方の領地に滞在するのはせいぜい年に一度だったので、土地の管理や農場の運営は管理人任せになりがちでした。しかしながら、都市での優雅な生活を支えていたのはその領地からの上がりです。定期的な視察が重要だとマルクスが力説しているのはそのためです。主人の不在はすなわち主人の軽視につながり、畑仕事も農舎の管理も手抜きになり、みるみる収穫が減ると考えられていました。

なお、奴隷は安い投資ではなかったため、主人たちはいかにいうことを聞かせるか（つまり鞭）といかにやる気を出させるか（つまり若干の飴）のあいだでバランスをとることに腐心しました。時には暴力的な扱いも見られましたが、それが普通だったわけではありません。暴力に頼っていては大事な資産である奴隷が疲弊してしまいます。農場では、奴隷たちを〝こちら側とあちら側〟に二分し、〝こちら側〟である監督者たちに報酬や解放の可能性という動機づけを与えるというやり方が一般的だったようです。

古代の農業については大カトの『農業論』（農場経営、農作業、農村暮らしなどに関する雑記）が参考になります。自給自足を目指すという点についてはウァロの『農業論』第一巻第一六章に、土地を耕させるのは奴隷と自由身分の小作人のどちらがいいかという議論についてはコルメッラの『農業論』第一巻第七章に、足枷をつけて働く奴隷たちについては大プリニウスの『博物誌』第一八巻第四章に記述があります。老朽化した建物を見て自分も老いたと思った話と、子供のころの遊び友達の話は、セネカの『倫理書簡集』第一二書簡にあります。牧夫についてはウァロの『農業論』第二巻第一〇章に、農場管理人については同じくウァロの『農業論』第一巻第一七章とコルメッラの『農業論』第一巻第八章に記述があります。管理人の具体的な仕事は大カトの『農業論』第五節に挙げられています。管理人の妻についてはコルメッラの『農業論』第一二巻第三章、管理人が引き起こす諸問題についてはキケロの『ウェッレース弾劾』第二回公判弁論第三演説の五〇に書かれています。海賊に捕まって奴隷となり、虐待されていたことが視察で発見された女性の話は、アキレウス・タティオスの小説『レウキッペとクレイトポン』の第五巻第一七章に出てきます。大カトの奴隷に対する考え方についてはプルタルコス『英雄伝』の「大カト伝」第四章第四節、第五章第二節、第二一章第一節に記述があります。

第Ⅲ章

奴隷と性

先日の夜、わたしは奇妙な夢を見た。奴隷たちが寝ている小さい物置に入っていき、女奴隷のなかからゲルマン人の若い女を選んで交わる夢だ。そしてその夢が、奴隷の仲間入りをする、つまりわたし自身が奴隷になるという意味ではないか、あるいはもっと嘆かわしいことに、わたしの子孫がやがて奴隷に身を落とすという意味ではないかと思って動転し、慌てて同じ街に住むアルテミドロスという夢占い師に相談した。するとこういわれた。

「心配いりません。自分が所有する奴隷と交わる夢は吉兆です。自分の所有物から快楽を得るという意味ですから」

なるほど！　それで合点がいった。常日ごろから自分の立場を快楽のために利用するまいと思い、禁欲に努めてきたが、その様子を見て神々が、少しは肩の力を抜くがいいといっておられるのだろう。それにしても、わたしにかぎらず奴隷の夢を見たという話をよく聞くし、奴隷が主人の夢を見たという話も珍しくないようで、これは何とも奇妙なことだ。アルテミドロスから聞いたのだが、ある奴隷は主人の手で愛撫される夢を見て、自分が主人を何らかの方法で喜ばせるという意味ではないかと期待していたそうだが、残念ながらその夢は吉兆ではなかった。その奴隷は主人の手で柱に縛りつけられ、ひどく鞭打たれたそうだ。

皇帝であると同時に哲学者でもあったマルクス・アウレリウス〔在位一六一〜一八〇〕は、二人の美しい奴隷を所有していながら寝所に侍らせないことを自慢にしていた。だがそのような自制心を一般の奴隷所有者にまで期待するとしたら、それはあまりに厳しすぎる。主人が若い奴隷たちから性的快楽を得るのはごく普通のことで、わたしにも今かわいがっている少年奴隷が一人いる。一四歳で、わたしを喜ばせることに懸命だし、自分でもそれがうれしいようだ。そもそも、主人の望みをかなえようとすることのどこが恥なのだ？　あまりにも当然のことではないか！　ところで、第一章でも触れたが、少年奴隷を手元に置きたいならサエプタ・ユリアへ行くといい。そこで奴隷商人をつかまえて、店の奥にエジプト人を隠していないか訊くのがいちばんだ。あそこなら褐色の肌に輝く瞳、伏し目がちで鼻が細く、髪を長く垂らし、唇の赤い、寝室で相手をさせるのにぴったりの奴隷が見つかる。若い娘が望みなら、金髪のバタウィ人〔現在のオランダにいたゲルマンの一部族〕も悪くない。ただし、値段交渉には頭を冷やして臨むことだ。買い物は情熱でするものではなく、頭でするものなのだから。人生経験豊富ないい年をした大人が、美少年や美少女を見つけて舞い上がってしまい、ばかばかしいほどの高値を払うこともままあると聞く。

さて、わたしはそうした奴隷には、おまえは特別な存在だという印にちょっとした品を贈ることにしている。若い女奴隷には妻が着古した服をやるととても喜ぶ。妻もわたしの戯れなどまったく気にしていない。そもそもこの種の戯れなくして男といえるだろうか？　念のためにいっておくが、妻が男奴隷と戯れに興じることは考えられない。それは家と家長の名に泥を塗る行為とされている。

さて、そうなると当然のことながら、女奴隷が孕むこともある。そうした場合、女のほうも主人とのつながりが強くなったと喜ぶことが多い。生まれた子供は奴隷となるが、わたしはほかの奴隷より少し甘やかし、何でも少しだけ多目にやり、比較的楽な仕事をさせている。たとえば、前にも触れたように、わたしの本当の子供たち、つまり嫡出子の世話係として使っているが、それは彼らが少しはわたしの血を引いていて、ほかの奴隷より忠実だと信じているからだ。だがもちろん、非嫡出子すべてにそうした待遇を与えているわけではない。たとえば生まれたときに見るからに虚弱であったり、家にすでに十分な数の子供がいるときは、その子の母親に命じて子供を捨てさせる。そういえば、先日こんな笑い話を耳にした。あるとき一人の間抜けが奴隷娘に子供を産ませた。するとその間抜けの父親が赤ん坊を殺せと命じた。間抜けはこう答えた。「だったらまず父上が自分の子供を殺してみせてくださいよ。そうでなきゃ、わたしに子供を殺せなんていわせませんよ」。ここまで間抜けなら、父親も息子のいうとおり殺したくなったかもしれない。

主人としては、自分の女奴隷が不道徳な目的に利用されないように守るのも務めである。たとえば、まだ容貌が衰えていない女奴隷を売るとき、わたしは売買契約書に「新しい所有者はこの奴隷に売春をさせてはならない」という一文を入れることにしている。神君ウェスパシアヌス〔在位六九～七九〕もこれを後押しする法を作り、この種の条件の下で売られたにもかかわらず新しい主人によって売春を強要された場合、その女奴隷は自由身分になると定めた。さらに、新しい主人がこの種の条件を課すことなく転売した場合も、売春を強要されれば同じように自由になり、当初の主人の解放奴隷になると決められた。

奴隷たちは奴隷同士の性交渉も望むし、家族をもちたいと考える奴隷も多い。それを許すかどうかは主人であるあなた次第である。奴隷の婚姻は法律では認められていないが、主人の裁量で事実婚を認めることはできる。ファミリア内の奴隷二人が結婚したいと申し出た場合、わたしは基本的にそれを認めてやっている。快諾すれば感謝され、拒めば恨みを買うだけだ。奴隷に家族をもたせることはファミリア内の安定にも通じるし、ほかにも多くの利点があるので、あなたにも同じやり方をお勧めする。家族ができれば彼らは満足し、将来の解放という目標に向かってそれまで以上に熱心に働くだろう。また家族はいわば〝人質〟のようなもので、たとえば子供が生まれればその親が逃亡する心配はなくなる。そして何よりも、家内出生奴隷が増えることによって若い奴隷を確保できるわけで、その世代は親の世代の奴隷が解放されたり命を落としたりして人数が減ったとき、それに代わって家を支えてくれる。しかもその若者たちは金で買われてきたよそ者ではなく、生まれながらにファミリアの一員なのだ。

しかしながら、このわたしでも奴隷同士の婚姻を許さない場合がある。たとえば性格に問題のある奴隷同士や反抗的な奴隷同士の場合で、そうしたカップルの婚姻を認めるのはファミリア内に危険の種をまくようなものである。そのようなときは、二人のうちの片方を売って危険の芽を摘んでおくしかないが、幸いそういう必要に迫られることはめったにない。わたしの家の例でいえば、奴隷のほぼ三分の一が結婚している。あくまでも事実婚だが、いずれ解放されることがあれば法的にも婚姻関係が認められる。

一方、婚姻関係ではない情事となると、これは管理が難しい。特に農場では女奴隷の数が少ないので奪い合いになる。わたしは女たちと男たちが寝泊まりする場所を分け、あいだの扉に錠をかけて厄介事が起きないようにしている。そうしておけば、わたしの許可なく子供が生まれることはない。それに農場の仕事は力仕事がほとんどなので、過度の情事は仕事の妨げになりかねない。したがって、男たちに時折女たちのところに行くことを許しつつ、その回数が不満を抱かせるほど少なくもなく、生産性が下がるほど多くもないように管理するのがいいだろう。

基本的に、主人が奴隷同士の関係を管理し、婚姻相手を割り当てるのがいいとわたしは思う。つまり主人が組み合わせを決めるということだが、そのほうがうまくいくし、育児のためにもいいだろう。また子供をもつことが奴隷たちの得になるように配慮するといい。わたしのファミリアでは、男の子を三人産んだ女は労働を免除され（死産を除く）、四人以上産んだ女は解放される。おかしなことに、アイソポス〔イソップのこと。古代ギリシャの奴隷だったと伝えられている〕のハトとカラスの話では、「いちばん惨めな奴隷は子供を産む奴隷。産めば産むほど惨めな奴隷が増えるだけ」とされている。これはおそらく、子供がよそに売られ、家族がばらばらになることを奴隷たちが恐れていたからではないだろうか。少なくともわたしは、規律に反して生まれた子供は別として、よそに売るようなことはめったにしない。

以上のように奴隷の交配は有益だが、それなりの費用と手間がかかることも忘れてはいけない。また相手を割り当てるのも、農夫なら常に農場にいるので問題ないが、牧夫となると話がややこしくなる。羊飼いなどは群れを追って山間部や森林地帯に入り、間に合わせの小屋に寝泊まりするという厳しい暮らしだ。女をあてがうとなればそれに同行させ、食事の用意などをさせるわけだが、体力が人並み以上で、苛酷な環境に耐えられる女を選ばなければならない。幸い、そうして選ばれた女たちは男に負けない働きぶりを見せることが多く、群れの世話もするし、薪も集めるし、掘っ立て小屋でも何とかやりくりする。育児さえ見事にこなし、働きながら乳をやり、薪と赤ん坊を同時に抱えて移動するというたくましさである。それに比べて最近のローマの母親たちの何とやわなことだろうか。出産後は何日も蚊帳のなかで寝ている始末なのだから。

農場管理人——あるいは奴隷頭とか監督者とかいろいろな呼ばれ方をするが——の場合は配偶者も一種の報奨としての意味をもつので、より寛大な対応が求められる。ただし、管理人に女をあてがうのは単なる配偶者としてではなく、すでに述べたように重責の支えとするためでもあり、主人の許可なく勝手にファミリアの一員と親密な関係にならないよう事前に忠告しておくべきだし、部外者と関係をもつことも許してはならない。あなたにとって大事なのは、管理人が、その妻という立場にふさわしい女と結ばれるようにもっていくことである。わたしは管理人たちと一緒に食事をしながらパートナー選びの話をするという方法をとっているが、なかなかうまくいっている。これなら管理人の妻という立場がいかに重要かを理解させることができるし、その重要な決定に彼ら自身も参加していると思わせることができる。

ではどのような女を選ぶべきだろうか。まずは、それまで何事においても——食事、飲酒、睡眠、身持ちのいずれにおいても——節度を保ってきた女であること。それに加えて、記憶力がいいかどうか、仕事の質に気を配っているか、主人を喜ばせようとする姿勢が見られるかなども選択基準になる。これらの資質は、女の働きがよいときにあなたがいかに喜び、悪いときにいかにがっかりするかをはっきり伝えることによって育てることができる。そうした積み重ねがあれば、女は家の繁栄を望むようになり、自分もその繁栄に貢献していると思うようになる。また、思い切って管理を任せ、行いのよい奴隷がより多くの恩恵を受けるように気を配らせ、それを通して正義感を養わせることも重要だ。よい働き、正直な働きは富と自由につながるが、怠けたり盗んだりしていてはそうならないとはっきり理解させるのである。こうした指導がなければ、信頼に足る女奴隷頭は育たない。

都市の家内奴隷の場合は普段から身近で観察できるので、男女関係の管理もはるかに容易である。有益で実り多いカップルになりそうな似合いの二人に目星をつけるのは、主人夫婦にとってゲームのような楽しみにもなるだろう。そしてあなたが家長として、この章の内容を踏まえて公正かつ慎重に行動すれば、ファミリアの人数は増え、家は大いに栄えるだろう。とはいえ、頭数をそろえるのに家内出生奴隷だけを当てにするのはいかがなものだろうか。病気やけがで命を落とすこともあるので、あまり悠長に構えていると徐々に減ってしまう。それに、時折外部の新鮮な血を入れるのも悪いことではない。日々の暮らしに慣れきってしまった奴隷たちに刺激を与え、背筋を正させる効果もある。これらの理由から、わたしは家内出生奴隷と外から買ってきた奴隷を半々に保つようにしている。それでもなお、家内出生奴隷がわたしにとっての喜びであり、ファミリアの姿を映しだす鏡であることに変わりはない。領地の価値を上げてくれるのも、ファミリアが一つにまとまり、かつ誠意ある働きを見せてくれるのも彼らである。彼らはファミ大きくなりつつあることの生きた証であり、それは健全な国家の国民がそうであるのと同じことである。

解説

アルテミドロスの『夢判断の書』は二世紀に書かれたとされていますが、これには奴隷が繰り返し登場し、時には性的な場面でも出てきます。それはもしかしたら、当時の階層的で抑圧的な世界がローマ人の潜在意識に重くのしかかっていた証拠かもしれません。ただしローマ人はフロイトのような内面的、性的な夢解釈をしていたわけではありません。夢はそれを見た人の未来に関する神々からのお告げだと考えられていました。

ということは、当時社会の最下層をなしていた奴隷は、劇的効果を生む要因としてお告げに登場したのかもしれません。なお、奴隷も夢占いをしてもらっていたという記述には興味を引かれます。奴隷のなかにも金銭的にそうした余裕をもつ者がいて、しかも夢占いに金を払うだけの価値があると思っていたことになるからです。また奴隷が自由人と同じように先のことを案じていたという証拠でもあります。隷属状態に置かれていたとはいえ、自分の将来に何の希望も興味もないというわけではなかったようです。

奴隷が性的虐待を受けていたことについては数多くの証拠が残っています。主人が強い立場にあり、しかも奴隷には法的権利がなかったので、驚くようなことではありません。「哲人皇帝」の異名をとったマルクス・アウレリウスが二人の美しい奴隷の誘惑に負けなかったという話も、裏を返せばほとんどの奴隷所有者がそうではなかったという証拠です。また主人が少年ないし青年の奴隷と関係をもっても、不名誉と見なされることはありませんでした。なぜなら奴隷は全員、性別・年齢を問わず、主人のためのものだったからです。これが現代なら、ほとんどの主人が小児性愛者ということになるでしょう。また、当時はうっかりして奴隷を孕ませてしまったというのも日常茶飯事で、それが笑い話になるほどでした（ヒエロクレスとフィロゲロスの作とされる『笑話集』にいくつも載っています）。またペトロニウスの『サテュリコン』第五七章には性的虐待への憤りも描かれていて、ある解放奴隷が「つれあいだった女奴隷も買い取ってやりましたから、もう誰も彼女に薄汚い手をかけることはできませんよ」という場面があります。同じく『サテュリコン』の第七五章では、トリマルキオが自分は少年のころから一四年間ずっと主人のお気に入りだったと述べ、「主人のいいなりになって何が悪いんだ？」と自己弁護しています。これは当時の奴隷所有者のほとんどが自己正当化のために、あるいは少なくとも正当化する必要があると感じたときに使っていた論法でしょう。彼らは奴隷のことを、自分がふさわしいと思う用途に自由に使うことができる所有物だと思っていました。

この点について奴隷の側がどう思っていたかについては資料がありませんが、性的虐待が精神的にもかなりの負担になっていたと考えるのが自然でしょう。現代の研究で、性的虐待を受けた被害者の多くが覇気をなくし、びくびくするようになり、内気になることが明らかにされています。古代の夢解釈（アルテミドロス『夢判断の書』第三巻の二八）ではネズミが家内奴隷を意味しましたが、これも主人と同じ家に住み、しかも〝臆病〟だったと考えれば納得がいきます。自殺未遂も多かったため、とうとう法律で奴隷の売り主は顧客に対し自殺未遂歴の有無を明らかにしなければならないと定められたほどでした（『ローマ法大全』の「学説彙纂」第二一巻第一章第二三節第三法文、第二一巻第一章第一節第三法文）。自殺ないし自殺未遂自体は精神疾患を意味するものではありませんが、個々の奴隷が強いストレスにさらされていたことを示す材料であることは確かです。

あるいは、ローマ時代の奴隷は性的虐待を虐待とは思っていなかったという可能性もあるでしょうか？　彼ら自身、トリマルキオのように理屈をつけていたのでしょうか？　彼らに本当の意味の自意識がなかったといえるなら、この種の扱いにひどい衝撃を受けることもなかったかもしれません。屈辱や不名誉を感じるのは自分自身の価値を意識している人間だけなのですから。しかしながら、今日に残る文献は、奴隷の多くが正義や不正、そして自分の価値を強く意識していたことを示しています。アルテミドロスの記述を見ると、どれほど多くの奴隷が解放を切望し、そのためにどれほどの犠牲を払ったかがわかりますし（『夢判断の書』第二巻の三など）、デルフォイのアポロン神殿の壁に残された奴隷解放の碑文からも、多くの奴隷が自由を得るために大金を払ったことがわかります。その自由は〝将来のいつか〟――典型的には主人の死亡時に――与えられるものでしかなかったのですが、それでも金を惜しみませんでした。また解放奴隷の墓には生前の業績が刻まれていることが多く、その文面からも強い自尊心の発露が読み取れます。

つまり文献や碑文からは多くの奴隷が――もしかしたらほとんどの奴隷が――自分の立場に憤りを感じ、怒りさえ覚え、強いストレスにさらされていたと思われ、性的虐待もその一因だったと考えられます。現代の精神衛生学から見ても、あるいは常識からいっても、当時の奴隷が置かれていた状況は精神上有害なものだったでしょう。したがって、奴隷人口全体の一般的現象として精神的健康度が低かったと推測できます。だとすれば、今日とは症状がかなり違っていたとしても、広い意味での精神疾患の発症率は高かったといえるのではないでしょうか。

第Ⅳ章

奴隷は劣った存在か

わたしは実際的な人間であり、この本の内容も実際的なものなので、ギリシャ人の空想的哲学に深入りするつもりはないし、詭弁を弄する人々の声に耳を傾けるつもりもない。しかし、奴隷についてどう考えるべきかを正しく理解しておくことは、あなた方の奴隷管理にも必ず役立つと思っている。奴隷の奴隷たる所以を知れば、主人の主人たる所以もわかる。そんなわけで、この章では奴隷哲学とでも呼ぶべき内容に触れておきたいのだが、少々辛抱してお付き合いいただけないだろうか。

前にもいったが、哲学者のアリストテレスは奴隷が奴隷であるのは自然なことであり、本性が劣る非ギリシャ人が優れたギリシャ人の奴隷になるのは自然にかなった状態だと述べた。このような考え方を実際問題として信じる人がいたのかどうかわたしは知らないが、ギリシャ人が奴隷について白か黒かで語る傾向があったのは確かである。つまり、自由人（ギリシャ人）が奴隷になっても心は自由なままだが、野蛮人（非ギリシャ人）が奴隷になったらそれは当然の報いだというのである。しかしギリシャ人のなかにも、奴隷の社会的地位が低いからといってはたして道徳的にも地位が低いことになるのか、もし奴隷が主人より道徳的に劣るわけではないとしたら、奴隷制を正当化できるのかといった疑問を投げかけた人々がいた。

以前、二人のギリシャ人が大声で口論しているのに出くわしたことがある（何についての議論だったかは忘れてしまったが）。二人はたまたま奴隷と自由人の組み合わせで、しかも奴隷のほうが賢く、自由人は分が悪かった。やがて自由人が追い込まれ、やけになってこういった。「おまえなんかに何がわかる？　ただの奴隷のくせに！」。すると奴隷はにっこり笑い、「じゃああなたは自由人と奴隷の違いをはっきり説明できるんですか？」と応じた。これに対して自由人のほうは、とにかく自分は自由身分であり、おまえは奴隷だの一点張りだったが、いえばいうほど相手を刺激してしまい、二人の議論はつつかれればつつき返す闘鶏のように熱を帯びていった。奴隷はさらに、あなたが自分は自由人だと主張する根拠は何かと訊いた。母親が密かに奴隷たちと関係をもったことなどないとなぜいえるのか、その一人が父親かもしれないではないかと。さらにこうも訊いた。有名なアテネ人のなかにも、実は異国人で、子供のころに外国から連れてこられてアテネ人に育てられたとあとからわかった例が数々あるが、あなたがその一人でないとなぜ断言できるのか。

奴隷の口ぶりにはいささか鼻持ちならないところがあって、自由人のほうは閉口し、やがてこう言い切った。どうやらおまえは、奴隷は奴隷で自由人は自由人だと明確に分けることはできないといいたいようだが、いくらさかしらに論じようとも、おまえが奴隷という立場に置かれていることに変わりはないし、これ以上確かなことはないではないかと。

だが奴隷はその主張を認めず、「冗談じゃない！」とやり返した。「では、奴隷という立場にいる者が全員本当の奴隷だとでもいうんですか？　自由人でありながら不当に奴隷にされた人が大勢いるじゃありませんか。そういう人が法に訴え、自由人である証拠を示すこともよくあります。何万人もの人々がそういう目にあっているんです。それに、自由身分のアテネ人が戦争で捕虜になり、ペルシャやシケリア〔シチリアのこと〕に連れていかれて売られたとしても、それを奴隷とはいわないでしょう？　本当の意味では今でも自由人だといいますよね。ところがペルシャ人やシケリア人がここに連れてこられて売られたとなると、同じようにはいわないわけです」

すると自由人は、だからこそどういう扱いを受けているかが奴隷かどうかを決めるのだと応じたが、奴隷のほうが一枚上手だった。

「ということは、主人に食べさせてもらい、主人のいうことを聞き、そうしないと罰を受けるからわたしが奴隷だというんですね？　だとしたら主人の息子たちだって奴隷ですよ。彼らも父親のいうことを聞かなければならず、そうしないと打たれるんですから」

同じように学校の生徒も教師の奴隷になってしまうと奴隷はつけ足し、これに対して自由人はこう反論した。父親も教師も息子や生徒を鎖でつなぎはしないし、売ることもないし、石臼を回させることもない。そういうことは主人が奴隷にするだけだと。だが奴隷はなおもやり返した。父親が息子にそのようなことをする国や地域もあるし、現に自分は金に困って子供を売った人を何人も知っている。だからといって、彼らの残った子供たちが奴隷だということにはならないだろうと。

奴隷がいおうとしていたのはこういうことだ。いくら奴隷が生まれながらに卑しく、価値がないように見えても、解放されて自由人となり、その子供たちが普通の自由人となることはありうる。同様に、自由人が不運にも捕虜となり、奴隷として売られただけだとしても、人からはどう見ても奴隷であり、ほかの奴隷と区別はつかない。つまり、奴隷という身分は本性によるものではない。

幸いなことに、周囲で成り行きを見守っていた人々は奴隷の賢さに感心するのではなく、何でも逆手にとって切り返すところにうんざりしはじめた。そのうちの一人が口を挟み、では奴隷とは実のところ何なのかと訊いた。人が他人を所有する完全な権利をもつということは、その他人を思うように使えるということで、それは自分の資産を思うように使えるのと同じであり、だとすればその他人を所有者の奴隷と見なすのは正しいことだと。すると奴隷は「所有する完全な権利とは何ですか？」と訊き返した。家や馬を所有しているように見えながら、実は法的な権利をもっていなかったという例はいくらでもある。同じように、人間が不当に所有されることもある。最初の奴隷が奴隷の子として生まれたはずはなく、戦争で捕らえられたにすぎない。言い換えるなら、最初の奴隷はもともと自由身分だったが無理やり奴隷にされたということで、そのような暴挙は道徳に悖《もと》るし、弁護の余地はない。また当然のことながら、そのような人々を生まれながらにして奴隷だったということはできない。何しろ彼らはそうではなかった、自由身分の生まれだったのだから。その証拠に、もし逃げることができれば、再び自由を手にして以前の地位に戻るではないか。

　するとまた別の見物人が、たしかに最初の奴隷は奴隷といえないかもしれないが、その子供や孫は奴隷の子として生まれてくるのだから、奴隷といえるではないかといった。だが奴隷は「それはまたなぜ？」とまたしても切り返した。「捕らえられることで人が奴隷になるのなら、奴隷というのはその最初の奴隷だけであって、子孫ではありません。また生まれによって奴隷になるのなら、最初の奴隷は自由人のままで、だとすればその子孫も自由人ということになりますよ」

　おそらく、と奴隷は続けた。本来「奴隷」という言葉は品性の卑しい人間を指していただけだろう。自由人でも品性の卑しい人間はいるし、奴隷でも高潔な人間はいる。自由人がすべていい人間とはかぎらないように、奴隷もすべて悪い人間とはかぎらない。「奴隷」という言葉は「noble（気高い）」と同じで、本来は人の徳やふるまいについて使われたのであって、血筋のことではなかった。だが「noble」はやがて「貴族」の意味にも使われるようになった。人々は言葉の本来の意味を忘れ、間違った使い方をするようになった。本当は、道徳に背くふるまいをする者が奴隷であり、それはその者が奴隷身分にあるかどうか、あるいは自由身分に生まれたかどうかとは関係がない。

わたしはそのあたりで見物を切り上げたが、あのギリシャ人たちはその後も延々と議論を続けたにちがいない。われわれローマ人はこの議論から次のことを学ぶべきだろう。自由人と奴隷の違いがすなわち善と悪の違いだとしても、すべての奴隷が悪だというわけではない。奴隷が悪と見なされるのは道徳的な意味で〝奴隷的な〟ふるまいをしたときだけである。人間の道徳的地位は精神の質により決まるのであって、社会的地位とは関係がない。つまりわれわれローマ人が肝に銘じるべきなのは、奴隷も人間であり、そのように扱わなければならないということだ。

見識も知識も兼ね備えた主人なら、奴隷たちとうまくやっていくべきだと心得ていて然るべきだ。結局のところ、奴隷というのはあなたと一つ屋根の下で暮らす者たちなのだから。それに、運命はひどく気まぐれで、奴隷になっていたのはあなたのほうかもしれないではないか。だとすれば、奴隷と一緒に食事をするのを恥と考えるのはおかしい。なぜそんなことがいえるのだ？　そこまで傲慢になれる理由がどこにある？　ただ大勢の奴隷を侍らせていなければ気がすまないという、昨今の悪しき慣習以外に何の理由もありはしない。

今日の主人たちは高価な珍味をむさぼり食い、胃が膨れ上がって消化できなくなるまでやめようとしない。しかもその状態になると、今度はわざわざ苦労して全部吐き出す。そのあいだずっと、哀れな奴隷たちは声一つ、音一つ立てずに控えていなければならず、さもなければ打ちすえられる。偶然出たしゃっくりさえ許されない。それが何であれ、音を立てて主人の饗宴の邪魔をしてはならず、万が一音を立てれば厳しい罰を受ける。つまり毎晩、主人が胃を満たしたり空にしたりするあいだ、奴隷たちは飢えと闘い、腹が鳴らないかとびくびくしながらじっと立っているしかないのである。

主人からそのような扱いを受ければ、奴隷が主人の陰口をたたくようになるのは当然ではないだろうか。これに対し、主人の前で人と話すことを許され、あるいは主人と話をすることさえ許されている奴隷たちは、おおむね忠誠心に厚く、なかには主人のために命を投げ出す者さえいる。主人に危険が迫れば体を張って守ろうとする。彼らは給仕の際には口を開くかもしれないが、主人の敵に拷問されたときには口を閉じ、主人に不利な情報を漏らしはしない。

奴隷を敵だと思うなら、彼らを敵に回したのは自分だと思い出すがいい。奴隷を愚かな獣のように見下した扱いや、無慈悲な扱いは、枚挙にいとまがないではないか。たとえば、われわれが優雅に臥台に横たわって饗宴を楽しむとき、奴隷たちは後ろに立ち、食べすぎるか飲みすぎるかした（いや、だいたい両方だ）客が吐くのを待って汚物を片づける。高価な鳥をさばくのが仕事の奴隷もいるが、胸肉やもも肉をいかに見事に切り分けようと、自分はその肉を口にできない。その奴隷はただ肉をさばくという目的のために存在するのである。しかも主人のほうは、肉のさばき方を学びながらそれを味わうこともできない奴隷に同情するどころか、むしろ奴隷にそれを教えなければならない自分が憐れだと思っている。

酒を注ぐのが仕事の奴隷は女装し、すでに少年期を脱しているのにできるだけ男らしさを隠し、若く見せなければならない。客たちのふるまいを記録するのが仕事の奴隷もいる。部屋の隅に不安気に立ち、客の誰かが理不尽なふるまいをしたらメモをとる。つまり招かれざる客のリストを作るのだが、いつ難癖をつけられるかわからないのでびくびくしている。食事のメニューを考えるのが仕事の奴隷もいる。彼らは主人の好みを熟知し、主人の味蕾が何によって刺激されるか、つまりどうすれば〝口が喜ぶか〟を正確に把握している。また主人がどんな盛りつけを喜ぶか、体調が悪いときにどんなものを出したら元気になるかも承知している。主人がどんな味に飽きているか、どういうものをいつ欲しがるかも知っている。しかしながら、いうまでもないが、主人のほうはその奴隷と食事をともにすることさえ耐えがたいと思っている。

あるときなど、主人が饗宴のために客たちを招じ入れるあいだ、奴隷が雨ざらしで外に立たされているのを見たことがある。後日その主人は価値の低い奴隷をまとめて売りに出したのだが、そのなかにその奴隷も入っていた。そしてその日の競りの初めに、いわば前座として売られた。さて、その奴隷がその後どうなったかご存じだろうか？　何と有力な解放奴隷となり、皇帝に仕える地位にまで上り詰め、とうとう自分の家の食堂に立派なオニキスの柱を三〇本も並べるほどになった。そしてもちろん、かつて主人から受けた屈辱を覚えていて、仕返しをした。

あなたの奴隷はあなたと同じように生まれ、あなたと同じように呼吸し、あなたと同じように死ぬ。この事実についてよく考えてみてほしい。奴隷の外見ではなく内面を見て、そこに自由人がいればそれを認めるべきではないのか。同様に奴隷のほうも、あなたの外見ではなく内面を見て、そこに奴隷がいることに気づきうるのだから。運命に翻弄され、高貴な生まれでありながら奴隷に身を落とし、はいつくばるはめになった人は数えきれない。つまり奴隷とは、運命次第で自分が身を置くかもしれない身分なのに、それでも奴隷を軽蔑できるだろうか？

あなたが所有する奴隷についてこれ以上訓示を垂れるつもりはないが、これだけはいっておきたい。目下の者に対しては、あなたが目上の人にこうしてほしいと思うような態度で接すること。奴隷などどうにでもできると思うたびに、自分の主人も自分をどうにでもできるのだと思い出すがいい。いや、自分には主人などいないというなら、運命は気まぐれで、いつ主人をもつことになるかわからないと思うがいい。

奴隷が失敗しても許してやり、彼らと言葉を交わし、横柄な態度をとらず、時には彼らと食卓をともにするがいい。と、ここまで読んだところで贅沢好きな人々はいっせいに叫ぶだろう。「何と不愉快な！　こんな屈辱はほかにない」。しかしこれこそローマの偉大な先人たちの考えではなかっただろうか？　彼らが奴隷を「家人」と呼び、主人を「家長」と呼んだのは、奴隷も同じ世帯の一員だと考えたからである。主人はそのような意味の「家」のなかで、尊重される立場と正義を行使する力を与えられている。つまりわれらが先祖は「家」を国の縮図と見ていたのだ。

「何だと？　それでは奴隷全員を毎晩夕食に招待しろとでもいうのか？」という声が聞こえてきそうだが、それにはこうお答えしよう。「成人した子供たちを招く程度の回数でいいのです」。わたしはただ、あなたのために働く人々を、地位の低い仕事をしているという理由だけで無視するなといいたいだけだ。ラバ飼いをラバ飼いという仕事だけで判断してはならない。大事なのはその人の品性なのだから。どんな仕事を課せられるかは運にもよるが、品性は自分自身で養うものであり、その人固有のものといえる。したがって、食事をともにするのに値する者がいたら招くがいい。あるいは値するようになってほしいと思う者を招くのも意味のあることだ。自分はどうせ奴隷だからと卑屈になっている者も、あなたをはじめとする自由人と接する機会があれば前向きになれるだろう。

言い方を変えるなら、同じ階級の友人ばかりに囲まれていてはいけない。人を見る目があれば、家のなかにも友人が見つかる。いい材木も、誰も使わずに放っておけばゆがんでしまうものだし、使おうと思って探さなければ、人は自分がいい材木を持っていることに気づかない。馬を買うときは鞍ではなく馬そのものを見なければならない。同様に、人を服装や社会的地位だけで判断するのは愚かなことだ。姿は奴隷でも、心は自由人かもしれないのだから。

考えてみれば、誰の心のなかにも奴隷がいる。ある人は情欲の奴隷であり、またある人は金銭の奴隷だ。名声や地位の奴隷も大勢いる。そしてわれわれ全員が希望と恐怖の奴隷である。貴族と呼ばれる人々にも卑しい行為が見られるではないか。遺産目当てで、ある老婦人に奴隷のようにへつらう執政官〔内政の最高責任者と軍の最高司令官を兼ねる官職〕経験者がいる。若い奴隷娘に夢中になり、権力ではなく魅力で愛を勝ち取れると思っている資産家の老人がいる。名家の子弟のなかに、役者にのぼせ上がって劇場に通い詰めているのが何人もいる。彼らは運ではなく自由意志で奴隷になっているのだから、これほど恥ずかしいことはない。そういう連中は、あなたが奴隷と親しくしたり、奴隷に愛想よくしたりするのを見たら、とんでもないといって止めるだろう。だが彼らのいうなりになってはいけない。奴隷から恐れられるのではなく、尊敬されるような主人にならなければいけない。

いや、わかっている。わたしのことを奴隷の扇動者だと後ろ指さす人々もいるにちがいない。奴隷は身分が低いのだから、主人であるわれわれを尊敬し、かつ服従するべきだと彼らはいうだろう。だがそれは神より高い地位を望むようなものだ。尊敬とは愛であり、愛は恐怖とは相いれない。奴隷から恐れられようと思うべきではなく、罰するにも鞭ではなく言葉を使うべきだ。そもそも鞭は獣相手に使うものだ。われわれは贅沢に慣れすぎたせいで、少しでも不満があるとすぐに腹を立てる。暴君が怒りを爆発させるさまはおよそ君主の地位にふさわしくないが、われわれ奴隷所有者もいつの間にか暴君になっている。暴君が振るう力は、結局のところ誰にも文句をいわせない圧力でしかない。われわれが不快に思うのはだいたいが些細なことでしかなく、大して困るわけでもない。それなのに抑制がきかず、適度の思いやりさえ示せないとしたらどうなるだろう？　癇癪を起こして当たり散らせば、結局損をするのは自分だ。いや、あなた方を責めているのではない。奴隷の管理が難しく、腹が立つことも多いのはわたしもよく知っている。だが、たとえ理想通りにいかなくても、理想を捨ててしまってはいけない。常に理想を掲げていなければ、いつの間にか悪癖に染まって暴君となり、奴隷たちを動物のように扱っていたということになりかねない。

奴隷が生まれながらにして卑しいわけではないように、あなた方も生まれながらにして主人なわけではない。主人という立場だけでは意味がなく、その立場を行動によって示さなければならない。奴隷も同じことで、自分は卑しくないというのなら、それを立派な行いによって示さなければならない。不品行を繰り返すばかりの奴隷は、生まれながらの奴隷といわれても仕方がないし、もともと道徳的に劣っていて、そこから脱することなどできないと思われても仕方がない。

奴隷も立派にふるまうことがあるのだと知ってもらいたい。すべての奴隷が生意気でずる賢いわけではなく、なかには忠実で、高潔な者がいる。驚くほどの美徳を備えた者もいる。とはいえ奴隷も精神は自由なのだから、驚くことではないのかもしれない。奴隷ははたして主人の助けになるのかと首をかしげる人もいるが、過去の例を見れば、主人を助けるために驚くほどのことをやってのけた奴隷がいる。危険を顧みず主人のために戦った奴隷がいるし、主人が逃げる時間を稼ぐために何度刺し貫かれてもあとに引かず、血の最後の一滴を失うまで戦いつづけた奴隷もいる。いくら脅されても主人の秘密を守り通し、拷問の末に死んでいった奴隷もいる。

考えてみれば、労働を強いられてきた側がそのような行動をとるというのは多くの意味で稀有なことで、自由人の場合以上に称賛すべきではないだろうか。奴隷として主人の権威に屈するのは不快だったろうし、当然のことながら恨みつらみも抱えていただろうに、それを主人に対する敬愛が凌駕したのだから。

稀有とはいっても、そうした事例は決して少なくない。たとえば、グルメントゥム

〔古代ローマ時代に南イタリアにあった町〕がローマ軍に包囲されたときのこと、絶望的な状況のなかで二人の奴隷が包囲網の外に出てローマ軍に助力した。やがて町が占領され、ローマ軍が略奪のために町を駆けまわりはじめると、二人は馴染みの道を抜けて仕えていた家まで先まわりし、女主人を連れ出した。そしてローマ兵に問われるたびに、この女は自分たちをひどい目にあわせた冷酷な主人なので、連れていって処刑するのだと答えた。だが実際には女主人を城壁の外に案内し、殺戮と略奪が終わるまで安全な場所に匿ったのだ。その後事態が落ち着くと、二人は進んでまた奴隷に戻った。だが女主人は即座に二人を解放した。この女主人は自分が生殺与奪の権を握っていた者たちに救われたわけだが、それを恥だとは思わなかっただろうし、むしろうれしく思っただろう。何しろこの話は有名になり、ローマ中の手本となったのだから。

元法務官のパウルスの話もある。あるときパウルスは、ティベリウス帝〔在位一四～三七〕の肖像を浮き彫りにした見事な宝石の指輪をはめて宴席に出た。そして途中で用を足そうと立ち上がり、指輪をはめたままの手で尿瓶をとってしまった。それを見逃さなかったのが悪名高い密告者のマロで、皇帝の肖像を汚らわしいものに近づけた罪で訴える絶好のチャンスだと思った。だがそのときパウルスの奴隷もこれに気づいた。奴隷はすぐさま酔った主人から指輪を取り上げ、自分の指にはめた。そしてマロが会食者たちにこれを見ろと声をかけ、皆が振り向いたとき、黙って自分の手を見せた。

神君アウグストゥス〔在位前二七～後一四〕の時代には、宴席での失言で危険にさらされるようなことはまだなかったが、それでも厄介事を招くことはあった。あるときルフスという元老院議員が宴席で酔っ払い、今度の旅から皇帝が無事に戻られないといいと口をすべらせた。無事の帰還に感謝して生贄にされる雄牛たちがそう思っているだろうからと。これは雄牛が可哀想だという冗談だったが、聞く人によってはそうはとらないだろう。翌朝、昨夜の宴席で足元に控えていた奴隷がルフスにこのことを告げ、誰よりも先に皇帝のところへ行って自ら告白したほうがいいと忠告した。ルフスはその通りだと思い、皇帝に会いに行った。そして昨夜は正気を失っていたと誓い、いかなる不幸も皇帝ではなく自分に降りかかるように願い、どうかお許しくださいと懇願した。皇帝はすぐに許した。ルフスはさらに、皇帝から何かいただかなければ、わたしが許されたことを誰も信じてくれないでしょうといい、かなりの金額を要求したが、皇帝はそれも承諾し、今後もおまえには決して腹を立てないことにしようといった。腹を立てて許すたびに出費がかさむからである。皇帝の態度は実に寛大で、これには誰もが称賛を惜しまないだろう。だがルフスを救ったのは奴隷である。この奴隷が即座に解放されたことはいうまでもない。

奴隷が気高い心をもっていたという例はほかにもある。ウルビヌスという男の奴隷の話もそうだ。ウルビヌスは政敵追放の名簿に載せられて命を狙われ、レアテ〔現在のリエーティ〕にある自分の領地に身を隠したが、居場所を突き止められてしまった。すると奴隷の一人が彼の指輪をはめ、彼の服を着て主人になりすまし、寝室に横たわった。そして押し入ってきた兵士たちに見つかると、奴隷は何もいわずに首を差し出し、ウルビヌスもこうはできないと思うほど堂々たる態度で死刑執行人の刃を受けた。生き延びたウルビヌスはこの奴隷のために墓を建て、偉大な行為を墓石に刻ませた。

主人から罰せられたばかりの奴隷が主人を助けたという話もある。アンティウス・レスティオという男が罪に問われ、闇に乗じて独りで逃げた。彼の奴隷たちはさっそく主人の財産を略奪しはじめたが、一人だけ動けずにいた奴隷がいた。レスティオに罰せられて額に烙印を押され、鎖でつながれていた奴隷である。ほかの奴隷が気づいて鎖を外してやったが、この奴隷は略奪に加わらず、逃げた主人のあとを追った。レスティオは追ってきた奴隷を見て、残酷な処罰の仕返しにきたのだと思ったが、そうではなかった。奴隷は、あの屈辱的な罰は運命の悪戯であってあなたのせいではありませんといい、レスティオを匿い、食べ物などを運んできた。また、少しして追っ手が迫りつつあるとわかると、たまたま近くにいた老人を絞め殺し、薪の山を作って死体を乗せて火をつけた。そして通りかかった人をつかまえては、死んだのはレスティオだ、烙印を押された仕返しにこうしてやったといいふらした。その話を誰もが信じ、やってきた兵士たちもそれを聞くと納得して帰っていった。こうしてレスティオは助かった。

同じように、神君アウグストゥスの暗殺計画が発覚してカエピオが死罪を宣告されたときも、奴隷の一人がカエピオを長櫃に入れてティベリス川まで運び、夜陰に乗じて一緒に逃げた。その奴隷はまず主人を田舎の農場に隠し、そこにも追手が迫ると小舟で海に逃げ、その舟が難破してもなおあきらめず、主人をナポリに匿った。とうとう二人は捕まったが、そのときでさえ奴隷は口を閉じ、主人に不利な証言を一切しなかった。また、政治家で歴史家としても名高いアシニウス・ポッリオがパタウィウム〔現在のパドヴァ〕の町に圧力をかけ、武器と金を差し出すよう要求したとき、多くの人々が身を隠してしまったので、ポッリオは主人を密告した奴隷に報奨金と自由を与えると触れを出したが、これに応じた奴隷は一人もいなかったという。

マルクス・アントニウスの奴隷の話もある。アントニウスは性犯罪で訴えられたことがあり、訴追者が奴隷の一人の（名前は忘れたが）尋問を要求した。その奴隷は灯りをもってその場に立っていたので主人の行為を見ていたはずだった。奴隷の尋問には主人の同意が必要とされる。アントニウスは、奴隷が拷問に屈することを恐れたからだろうか、同意を渋った。しかしその奴隷は、尋問がすなわち拷問を意味することを知りながら、決して不利な証言はしないから自分を引き渡すよう主人に勧めた。そして案の定ひどい拷問を受けたが、何もいわなかった。

奴隷のなかには主人と別れるより死を選ぶ者もいる。たとえば、イタリア半島中部の一部族の指導者だったガイウス・ウェッティウスが自分の部隊に裏切られて捕らえられ、ポンペイウス〔第一回三頭政治の一角を担ったポンペイウスの父〕に引き渡されそうになったとき、奴隷の一人が彼を殺し、あとを追って自殺した。何と気高い行為だろうか！　また、かのグラックス兄弟の一人であるガイウス・グラックスが敵に捕まりそうになり、忠実な奴隷であり友でもあったエウロプスに自分を殺すよう命じたとき、エウロプスは命令に従ってから、主人の屍の上で自ら腹を切り裂いて死んだ。

優れた行いをしたのは男ばかりではない。女奴隷も忘れがたい話を残している。これなら貴族の女性たちにも劣ることはないと誰もが思うだろう。

七月七日が女奴隷たちの祭りの日だというのはご存じだろう。この日は女主人たちと女奴隷たちがイチジクの大木の下で女神ユノ・カプロティナに生贄をささげる。これは、かつて女奴隷たちがローマを守るために、大変な勇気を見せたことをたたえる儀式である。紀元前三九〇年のガリア人による略奪のあと、ローマは苦境に陥った。侵略の機会をうかがっていた近隣の諸部族はフィデナエの独裁官、ポストゥミウス・リウィウスを総大将に立てた。リウィウスは元老院に対し、ローマを破壊されたくなかったら、すべての母親と未婚の娘たちを引き渡せと要求してきた。元老院は迷った。するとトゥテラという奴隷の娘が名乗り出て、わたしたち奴隷が女主人のふりをして敵のところに行きますといった。そして大勢の奴隷たちとともにローマ人の母親や娘たちの服装をして敵陣へと向かい、町の人々はそれを涙ながらに見送った。女たちが奴隷であることがばれないように、誰もが本当に家族を奪われるような悲痛な面持ちで見送ったのだ。さて、敵陣に着き、リウィウスの命令で野営地の各所に振り分けられると、女たちは今日はローマの祭日だと嘘をつき、敵兵にせっせとワインを飲ませた。そして男たちがぐっすり眠ってしまうと、野営地の近くの大きなイチジクの木に登り、そこからローマ軍に合図したのである。ローマ軍は見事急襲に成功した。元老院は女奴隷たちに感謝して全員を解放し、報奨金も出した。またその英雄的な行為を記念して、毎年この日に生贄をささげることにした。

こうした例を見れば、奴隷を軽蔑することに正当な理由などないとおわかりいただけるだろう。奴隷のなかにも信頼に足る、賢明で勇敢な者が大勢いることは、すでに多くの出来事によって証明されている。その逆に、邸宅に先祖の胸像をずらりと並べたり、一族の家系図の枝葉の先まで知り尽くしているような連中ほど、その行動を見れば高貴でも何でもなく、ただ有名なだけだとわかるのが常だ。

われわれは皆同じ祖先をもつ。身分が高かろうが低かろうが、誰でも先祖をたどれば一組の親に行き着く。だから誰も軽蔑してはならない。出自もわからず、運命に見放されたと思える人間でも、見下してはならない。あなたの先祖に奴隷や解放奴隷がいるなら、そこから階段を上がってきたことを誇りに思うがいい。だが今の地位を誇りに思うあまり、奴隷の長所が見えなくなってしまってはいけない。今奴隷の身分にいる者もすべて、たとえ数世代かかるにしても、いずれローマ市民になる可能性をもっているのだから。

とはいえ、正直にいえば、一般論として奴隷に期待できるのはせいぜい主人を手本とすることくらいである。手本が悪ければ徳を学ぶのは難しい。主人が何事にもいい加減なら、奴隷も注意深くはなれない。はっきりいって、人格に問題のある主人にいい奴隷が仕えているところなど見たことがない。逆の組み合わせはいくらでもあり、優れた主人にだめな奴隷たちが仕え、罰せられているのをよく見かける。自分の奴隷の徳を高めたいなら、その仕事ぶりを監督し、よく見ることだ。いい行いに積極的に報いると同時に、悪い行いを罰することをためらってはいけない。奴隷の態度がよくなるかどうかは、あなたの手本と指導にかかっているのだから。

ほとんどの場合、奴隷は主人より劣っているわけだが、嘆かわしいことに、奴隷の多くは改善に必要な指導を受けていない。さらに嘆かわしいことに、今日のローマ人はそのような劣った奴隷に頼って生活している。農作物を育てるのも、それを料理するのも奴隷だ。衣服を洗うのも、荷物を運ぶのも奴隷である。わたしが知るある著名人などは自制心が弱くてつい食べすぎてしまうので、ご馳走のほうに伸びる手を止めるのに奴隷を使うという、この上ない屈辱を余儀なくされている。奴隷に命ずるのではなく、こちらが奴隷のいうことを聞かねばならないとは、何たる恥か！　贅沢中毒にかかったこういう連中こそが、本当の奴隷ではないのだろうか？

解説

この章は明らかに哲学寄りの内容になっています。ストア派の思想家として有名なセネカは奴隷に関する記述も残していて、ここでのマルクスの見解にはその影響が見られます。ストア派は奴隷が奴隷であるという事実よりも、個々人の内面を重視しました。裕福な奴隷所有者であっても、色欲や飽食といった悪徳に染まっていればむしろそのほうが真の奴隷だという考え方です。

一方、古代ギリシャの人々はまったく異なる考え方をしていました。アリストテレスをはじめとするギリシャ哲学においては、奴隷は自然によって、自由人であるギリシャ人に対置されていると考えられていました。つまり非ギリシャ人と奴隷はほとんど同じと見なされていたのです。時代はかなり下りますが、英米の奴隷貿易ではそうした考え方が奴隷に対する人種差別の口実として利用され、黒人は本質的に奴隷であり、白人に劣るとされました。ですが古代ローマ人は人種的区別を論じたことがありません。それは一つには、解放奴隷が次々と同胞に加わる社会にあっては、人種的区別など意味をもたなかったからです。ローマ人の多くが奴隷の子孫だという歴然たる事実を前にして、人種的に純粋なローマ人という観念など維持できるはずもありません。逆から見れば、ローマ人はイタリア半島の人々を他の民族よりは近い存在だと思っていましたが、その同じイタリア人を奴隷化することにギリシャ人ほど抵抗を感じなかったともいえるでしょう。ギリシャ人は他のギリシャ人を奴隷にすることを忌まわしいと考えましたが、それはまさにどのギリシャ人も本質的に自由人だと思っていたからで、個人の人格など問題とされなかったのです。

ギリシャ人に比べるとマルクスの見解ははるかに人間的で、奴隷制度という現実を一種の社会慣習にすぎないと見なしています。奴隷もなお何らかの人間的価値をもち、徳にかなったふるまいをすることがあるのだから、それにふさわしい扱いが必要だと考えています。

しかしながら、古代ローマの人々を人間中心主義の先駆者だったと考えるのは間違いで、ストア派の思想に普遍的人権という概念はありませんでした。むしろローマ人に見られたのは、奴隷が行儀よくしているかぎり、主人も道徳にかなった扱いをするべきだという漠然とした義務感であり、そうすれば奴隷のふるまいももっとよくなると考えていたようです。そしてそこには、さもないと奴隷に逆襲されかねないという恐怖心も働いていたかもしれません。また一般的に、奴隷が高潔な行動をとりうるとしても、主人を超えることはないと思われていたようです。なお、女奴隷など、こうした道徳論の対象になることがほとんどない奴隷たちもいましたが、それは単に哲学者たちの眼中になかったからでしょう。

では、ストア派の思想は実際の奴隷の扱いに影響を与えていたのでしょうか？　残念ながらそういう証拠はありません。奴隷制度廃止論が浮上しなかったのはもちろん、奴隷制度が批判されたこともありませんでした。セネカに見られるような奴隷に好意的な記述はあくまでも理論上のもので、ごく少数の学識豊かなエリート層を対象にしていたにすぎません。そもそもセネカ自身に矛盾が見られ、他の著作では奴隷を見下した記述も残しているのです。したがって、マルクスの意見は当時の奴隷所有者たちを代表するものとはいえません。社会を広く見渡せばそうした考えも見られたでしょうが、だからといってその影響を受けてローマ人全体が奴隷に寛大になったとは考えにくいですし、実際にもそのような証拠はありません。こうした発想は、むしろ政治環境の変化に対するエリートたちの反応の表れと解釈したほうがいいかもしれません。セネカのようなエリートたちがネロのような皇帝の支配下に置かれたことによって、奴隷を蔑視する思想への反感が生まれたのではないでしょうか。何しろ自由身分のローマ市民たちでさえ、事実上皇帝の政治的奴隷となったのですから。

ギリシャ人の自由人と賢い奴隷のやりとりは、ディオン・クリュソストモスの『弁論集』第一五弁論を基にしました。奴隷に関するストア派の考え方の一例は、エピクテトスの『語録』第四巻第一章にも載っています。キケロも『義務について』の第一巻第一三章（第四一節）で、もっとも身分の低い者たち、つまり奴隷に対しても正義は守られるべきだというストア派の考えを踏襲しています。生まれだけではなく、行動によっても自分の価値を示さねばならないという考え方も、同じくクリュソストモスの『弁論集』第一五弁論を参考にしました。食べすぎないように監督する役目を奴隷にさせていた話は大プリニウスの『博物誌』第二八巻第一四章にあります。奴隷たちの優れた行いについては、スエトニウスの『文法家・修辞家列伝』、マクロビウスの『サトゥルナリア』第一巻第一〇章第一六－二五節、セネカの『恩恵について』第三巻第二三－二八章などに紹介されています。また奴隷を人間として扱うべきだという考えはセネカの『倫理書簡集』第四七書簡に述べられています。奴隷制に関する当時のさまざまな考え方については、ピーター・ガーンジィが『奴隷に関する思想――アリストテレスからアウグスティヌスまで（Ideas of slavery from Aristotle to Augustine）』のなかで分析しています。

第Ⅴ章

奴隷の罰し方

頑固なラバに言葉を尽くしていい聞かせたところでどうにもならないが、奴隷も同じである。奴隷の扱いについて高い理想を掲げていても、現実には奴隷哲学など役に立たないと思い知らされることが少なくない。よい手本を示すことで、奴隷たちが徳高く勤勉になるように願っていても、実際に奴隷を働かせるには、時には力ずくでわからせるしかない場面も出てくる。そういうときは、寛大な扱いがよい結果を生むなどといってはいられない。反抗的な奴隷に理屈は通じないし、動物と同じで鞭を使わなければ態度を変えさせることはできない。一方、奴隷のほうもいつも体罰を恐れていて、夢に見ることさえあると聞く。奴隷が牛の夢を見るのは不吉だとされているが、それも鞭が牛の革でできているからだ。しかし奴隷が体罰を恐れていることを、主人のあなたが気に病むことはない。むしろ主人の存在感を高める助けになると思えばいい。仕事の内容とはかかわりなく、主人の存在を常に意識している奴隷は、そうでない奴隷に比べて注意深く、勤勉で、有能なものだ。

ただし、時に奴隷を罰するのは仕方のないことだとしても、理不尽であってはならない。奴隷が少々生意気な態度をとったり無礼な口答えをしたりしても、それが規律や権威を危うくするものでないかぎり、鞭打たせるようなことは控えるべきだ。奴隷はあなたの資産の一部であり、それを傷つければ資産が損なわれることになる。誰かがあなたに損害を与えたら、当然賠償を求めて訴えるだろう。奴隷が損害を受けるのも同じことである。

しかし残念ながら、理不尽な罰を与える主人はいくらでもいる。わたしのある友人は奴隷に給仕させる際、一切口をきかせない（友人にかぎらず、そういう人は多い）。先日その友人の家に招かれたのだが、食事の最中に奴隷の一人が手で口を覆ってくしゃみをしたところ、それだけでひどく鞭打たれた。またもう一人がスープを給仕する際に咳をしたところ、これも即座に引きずり出されて棒で打たれた。わたしはもう食事を楽しむどころではなかった。この調子では客が帰ったあとが恐ろしいと思ったが、案の定、あとから聞いた話によると、仕事を完璧にこなせなかった給仕係や、満足のいかない料理を作ったコックなどが皆さんざん痛い目にあわされたそうだ。ウェディウス・ポッリオが友人であるアウグストゥス帝〔在位前二七～後一四〕を晩餐に招いたときの話も有名である。奴隷の一人が高価な水晶の杯を割ってしまった。するとウェディウスは、その奴隷を養魚池に飼っている巨大なウツボに投げ与えよと命じた。自分が厳格なところを皇帝に見せようと思ったのだろう。だがそれは〝厳格〟ではなく〝残虐〟だった。奴隷は手を振り切って皇帝の足元に逃れた。そしてどうかほかの方法で殺してください、ウツボの餌になるのだけは嫌ですと懇願した。皇帝は度を超した残忍性を見て激怒し、ウェディウスに奴隷を自由にするよう命じた。それから別の奴隷たちに家にあるすべての水晶の杯をもってこさせ、それを主人の目の前で割らせ、さらにウェディウスに養魚池を埋め、ウツボも処分するよう命じた。

ウェディウスの例は極端だとしても、似たようなことは誰でもやっている。奴隷の無能ぶりを見てかっとなり、ついきつく当たったという経験は誰にでもあるだろう。聞いた話によると、ある奴隷所有者は精神的にひどく不安定になっていたとき、奴隷を二階の窓から投げたそうだ。わたしの友人も、年老いた奴隷がずっと何もせずにいるのを見ていてとうとう我慢できなくなり、脚をたたき折って二度と動けないようにしてしまった。ハドリアヌス帝〔在位一一七～一三八〕でさえ、あるとき何かの理由で腹を立て、奴隷の目をペンで突いたことがある。癇癪をどう抑えるかという問題にはまたあとで触れるが、いずれにしても極端な罰を与えたり、客を感心させるために新種の罰を考えるといったことは慎むべきである。器が一つ壊れただけで奴隷の腹を裂くなど言語道断だ。できるかぎり感情を抑えること。それができてこそ主人である。そもそもすぐにかっとなって奴隷を痛めつけるというのは、解放奴隷が自分の奴隷をもったときにやることだ。彼らの残忍性は周知の通りで、何かというと鞭を使う。あれではまるで奴隷だったころの腹いせではないか。

ただし、わたしがいっているのは個人所有の家内奴隷の話であって、重罪の刑罰として鉱山労働を言い渡された奴隷などは、もとより寛大な扱いを期待することはできない。そうした奴隷たちは肉体的に酷使され、ひどい虐待にさらされる。あまりの苦しみに最後は殺してくれと懇願する受刑者が多いと聞くが、罪人なのだから当然の報いだろう。一方、採掘の請負人に使われている奴隷たちも同じような状況に置かれていて、これは哀れというしかない。請負人は奴隷の働きで莫大な富を得ているが、奴隷のほうは地下の暗闇で苛酷な労働を強いられる。環境は劣悪で、休憩さえとれず、手を止めれば監督者に鞭打たれる。奴隷だけではなく、自由身分でありながら、生きていくために鉱山で働くしかない人々も大勢いる。最近では金や銀の鉱脈はあらかた掘り尽くされ、かつてのように簡単に利益が出るわけではないので、坑夫たちはより危険な場所でより長時間の労働を強いられているという。

重罪人の刑罰としては猛獣刑もあるが、これも公正な裁きによる判決であれば同情に値しない。猛獣刑とは闘技場で猛獣の餌食にされる刑罰で、ローマ市民に人気の娯楽でもある。こうした罰は主人の気まぐれによるものではなく（猛獣に食わせるために奴隷を売る主人はいない）、公の裁きによるものだ。したがって、闘技場で奴隷がライオンに食いちぎられるのを見、骨が噛み砕かれる音を聞いても、罪にふさわしい罰なのだからと安心して見ていればいい。先日、ある友人が美しいモザイク画で食堂を飾ったが、そのモチーフがまさにそうした処刑の場面で、何とも見事な出来栄えだった！

なお、個人所有の家内奴隷であっても、ある種の状況においては極刑に処せられることがある。事例としてすぐに思い浮かぶのは、奴隷が主人を助けられたはずなのに助けなかった場合である。主人に危険が迫ったとき、奴隷は自分ではなく主人の安全を第一に考えなければならない。聞いた話だが、ある奴隷の少女が女主人と同じ部屋で寝ていたときに殺し屋が入ってきた。声を出したら殺すと脅され、少女は叫ばず、女主人は殺された。叫んで助けを呼ぶとか、自ら盾になるといったことができたにもかかわらず、少女はそうしなかった。結局この少女は処刑されたが、それは当然のことで、そうしなければほかの奴隷にしめしがつかない。

わたしの場合、奴隷に体罰を与えるときは請負人に頼んでいる。地元の評議会がそういうサービスを提供していて、一定の料金で鞭打ちを代行してくれる。料金も手ごろで、たしか一打ち四セステルティウス程度だったと思うが、その値段で何から何までやってくれるのだ。彼らはまず台を設置し、厳粛な面持ちで監禁されている部屋から奴隷を連れてきてその台に上がらせ、縛る（そのための縄まで用意してきている）。こんなふうに仰々しくするのは、ほかの奴隷たちへの見せしめとするためだ。過去には主人が奴隷を殺す権利をもっていた時代もあったが、そのころも磔刑を代行する請負人がいて、十字架と釘をもってきて仕事をしたそうだ。拷問が必要なときは熱いタールさえ手配したという。当時は主人の多くが、重罪の疑いがある奴隷をファミリア全員の前で拷問し、有罪だとわかればその場で殺させた。

わたしの田舎の領地には土牢があり、奴隷が過ちを犯したらしばらく独りでそこに入れておく。土牢は暗く、上のほうの手の届かないところからわずかに光が射し込むだけだ。食事もほんの少ししか与えない。今日では厳密にいえば違法だが、とりわけ粗暴で頑固な奴隷にわからせるには、こうした方法もやむをえないのではないだろうか。あるいは罰として製粉所で働かせ、ラバの代わりに石臼を回させるという手もある。これは大変な重労働で、しかもあっという間に悲惨な姿になるので、どんな不届き者でもすぐに観念する。襤褸《ぼろ》をまとい、髪を剃られ、足に鉄の枷をはめられ、顔は土色、そして全身粉まみれになり、まるで戦いで砂埃を浴びた剣闘士のようになる。ただし、念のためにいっておくが、わたしはこれを延々とやらせたりはしない。そんなことをしたら逆効果で、奴隷はすっかりやる気をなくしてしまう。本来の狙いは奴隷にわからせ、きちんと仕事をしようと思わせることであって、それを忘れてはいけない。

正当な理由があって罰を与えるのであれば、後ろめたさなど感じる必要はない。主人の残忍さではなく、奴隷自身の行いによって罰せられるのだから。だが正当な理由もないのにかっとなり、うっかり奴隷を打ってしまった場合、どうしたらいいだろうか。信頼できる人物から聞いた話では、相手に苦痛を与えたあなたの手にすぐその場で唾をかければ、相手の気持ちも和らぐそうだ。ハドリアヌス帝は目を突いた相手に自ら謝罪し、埋め合わせに何が欲しいかと訊いた。だが奴隷は態度を和らげるどころか図に乗り、あろうことか皇帝に対して、失った目を弁償する方法などありはしないといい返したそうだ。これでわかるように、寛大であろうとするあまり態度が甘くなると、奴隷はすぐそこにつけ込み、余計に扱いにくくなる。

ところで、奴隷を打つときは自分の手を傷めないように気をつけたほうがいい。特に怒りに任せてたたいたり殴ったりすると危ない。なかには手だけではなく、足蹴りを加える人もいるし、たまたま手にしていたナイフで刺したという話も聞くが、奴隷にとってはもちろん、自分にとっても危険だ。友人のなかには、奴隷を殴ったら歯に当たって手が切れたというのが何人もいる。友人の医者などは、普段は立派な男なのにどうしようもない癇癪持ちで、しょっちゅう奴隷を打ったり蹴ったりしている。打つときは革ひもや、たまたま目に入った木製のものを使うのだが、奴隷を罰するどころか、自分自身があざや傷だらけになり、筋肉まで痛めているのだから始末に負えない。

実は、奴隷を所有すると、否応なく本能を制御することを学ばされるので、自己鍛錬の助けにもなる。わたしが奴隷の体罰に請負人を使っているのも、怒りを鎮めるいい方法だと思っているからだ。怒りに任せて相手も自分も傷つけてしまうより、少し時間を置いて気を静め、その奴隷に何回の鞭打ちないし棒たたきが妥当かをじっくり考えるほうがいい。そしてそれを慣れた手——そうした訓練を積んでいる使用人か、外部の請負人——に委ねるのである。

自分で手を下す場合でも、少し時間を置いて本能ではなく理性で考えるようにするといい。われわれローマ人はあれほど抵抗したガリア人やブリトン人さえ許してきた。それなのになぜ、はるかに無害な奴隷に対して寛容の精神を示してはいけないのだろうか？　怠けたりおしゃべりに夢中になっただけの奴隷に慈悲を見せてはいけないのだろう？　相手が子供ならまだ子供なのだからと、女なら女なのだからと許してやればいいものを。目上に腹が立つのは自分を卑下しすぎたときだが、目下に腹が立つのは自尊心が強すぎるときだ。しかし多くの主人は本能のままに行動するほうがいいと思っている。奴隷をその場で打つのではなく、数日どこかに閉じ込めて頭を冷やすなどというのは恰好がつかないし、英雄的ではないと思っているようだ。

怒りの爆発は法律上もややこしい問題を引き起こす。以前、スタティリアという婦人が、夫の遺言の一部について履行すべきかどうか皇帝に伺いを立てたことがある。どう見ても癇癪を起こして書いたとしか思えない内容で、二人の奴隷について、片方は永遠に足枷をつけておけ、もう片方は国外に売れというものだった。これに対して皇帝は、遺言の日付から死亡までにかなりの年月が経っていたことから、怒りに任せて書いたのならその後書き直すことができたはずだと指摘した。したがって、主人の怒りが和らげられたという証拠がないかぎり、その条項も尊重されなければならないとした。証拠というのは、たとえば二人の奴隷が何か手柄を立てて、これなら主人の怒りも収まっただろうと思えるような証拠のことだが、これについても皇帝は、奴隷仲間の言葉などでは足りず、文書に残された明確な証拠であることと念を押した。

このように、主人と奴隷の問題に皇帝の介入を仰ぐケースが次第に増えてきている。皇帝は国の父であり、つまりローマというファミリア全体の家長なのだから、家内の管理について基本的な考え方を示すのは当然のことだ。たとえば現在では、奴隷が神々や皇帝を祭った神殿に訴え出た場合、その訴えは吟味されることになっているが、これも何人かの皇帝たちによって法として定められたものだ。以前から奴隷が神殿に逃げ込むことがあり、扱いに困った属州総督たちが皇帝に伺いを立てたのがきっかけである。そのときの皇帝は、奴隷が神殿に逃げ込んだ原因が主人の暴虐に耐えかねてのことなら、奴隷を他の主人に売り、その売上を元の主人のものにするがいいと命じた。人々が奴隷を虐待しなくなれば公益につながるのだから、これは賢明な判断である。主人は奴隷に対して絶対的な力をもつべきだが、奴隷が虐待や飢餓、耐えがたい不正などの犠牲になっている場合、法に則って訴え出た奴隷を国が保護することは、奴隷所有者全体にとっても利益になる。

かつて共和政の時代には、家長は自分の子供も奴隷も思うように罰することができ、処刑することもできた。今日では、そのような人命にかかわる権利は官吏の手に委ねられている。今ではいかなる主人も、何らかの法的根拠がある場合を除き、自分の奴隷に極度の虐待を加えてはならない。神君アントニヌス・ピウス〔在位一三八～一六一〕が定めた法にも、自分の奴隷を正当な理由なく殺した者は、他人の奴隷を殺した場合と同様に厳しく罰せられるとある。

ここで誤解のないように整理しておこう。あなたが奴隷を罰するために棒や鞭で打つことや、監視が必要な場合に足枷をつけることは、法律上まったく問題がない。そのような罰のあいだにたまたま奴隷が死んだとしても、あなたが訴えられることはない。しかしながら、棒や石で故意に奴隷を殺したり、武器に相当するものを使って致命傷を負わせたり、縄で吊ったり、高いところから突き落としたり、毒を盛ったりすれば、あなたは訴えられる。また、たとえ罰としてであっても、奴隷の体の一部を切断すれば訴えられる。そのような行為は公の管轄とされている（証言を得るための拷問として行われることがあるが、これについては次の章で述べる）。

奴隷の側の不正行為として取り上げておきたいものに逃亡がある。奴隷の逃亡は日常的な問題であり、あなたも奴隷所有者であるかぎりいずれは直面する。たとえ主人が適切かつ公正な扱いをしていても、十分な食事と衣服と寝場所を与えていても、正当な理由と必要があるときしか罰していないとしても、逃亡を防ぐことはできない。不満をもつ奴隷はあらゆる状況を利用して逃げる。たとえば戦争や政情不安、あるいは何かの出来事に人々が気をとられた隙を突く。

当然のことながら、主人としてはこれを放っておくことはできず、失われた資産を取り戻そうとする。ではどうすればいいのだろうか？　わたしが勧めたいのは懸賞金をかけることと、市場に掲示を出すことである。その際には、具体的な情報と、奴隷の特徴をわかりやすく伝えることが鍵になる。わたしが出したことのある通知文はこうだ。

《ヘルモンという少年奴隷が逃亡。一五歳前後、マントとベルトを着用。有名人のようにふんぞり返って歩く癖があり、甲高い声で話す。連れ戻してくれた人には三〇〇セステルティウスを、神殿に逃げ込んだという情報には一〇〇セステルティウスをお支払いする。何かご存じの方は総督府まで連絡請う》

逃亡奴隷を捕まえるプロもいるが、料金が高い。だが彼らは犬を使うので、奴隷が逃げたばかりで時間が勝負というときは頼むのも一法だ。また当局に助けを求めることは誰でも考えるだろうが、その場合は人脈がものをいう。然るべき人間の後押しがあれば、役人も最善を尽くしてくれる。逃亡奴隷が隠れていると思われる地域の有力者に当たるのがいちばんで、そのなかに知人がいれば、その全員に手紙を書き、丁重な挨拶を添え、これまでの友情に訴えるといい。そして、あなたの代理人が差し出す証拠に基づき、奴隷を探して連れ戻してほしいと頼むのである。

以上のいずれも失敗したら魔術に頼り、逃亡者に呪文をかけるという手もあるが、わたしは勧めない。同じ時間と金をかけるなら、今後の逃亡に備えて何か手を打つことに使ったほうがいい。

では逃亡者が見つかって連れ戻されてきたらどうするか。わたしは寛大な扱いを勧めるが、これには反対する人が多いだろう。ほとんどの主人は奴隷を監禁し、したたかに打つ。以前は手足を切断することさえあった。それはある意味ではもっともなことかもしれないが、戻された奴隷が縮み上がって自殺する恐れもある。

一度逃げた奴隷はまた逃げるかもしれない。それを防ぐには顔に烙印を押すのが手っ取り早い。烙印があれば、人目につかずに逃げるのはほぼ不可能である。ほかには、《わたしは逃亡者です。捕まえてください》とか、《わたしをファルクスのもとに連れ戻せば金貨がもらえる》などと型押しした金属の首輪をはめる方法もある。首輪には鍵がかけられていて奴隷には外せない。こうした文章は誰もが使うので、縮めて単語の頭文字だけにしてしまっても通じる。

少し前にも触れたが、逃亡奴隷が神殿に逃げ込んで神々の慈悲を願った場合は、主人の側も法に則った手続きを踏まなければならない。政務官か神官が事実を調査し、主人と奴隷のあいだに立って決定を下す。主人に有利な判決が出た場合、主人は恨むようなことはいたしませんと誓い、ありがたく奴隷を連れ帰る。では主人に不利な判決が出たら？　それはそれでいいではないか。皇帝の命令だと思えば恥でも何でもないし、奴隷の望み――新しい主人に仕えること――をかなえてやったのだといえば体面も保てる。それに、次の奴隷を買う費用も手に入るのだから。不満を抱えた奴隷はいつも何人かいるもので、そういう奴隷はあなたが何をしてやろうとありがたいと思わない。だとすれば、こうした過程を経て恩知らずに投資した金が取り戻せるなら悪くない。最悪なのは奴隷が逃げおおせてしまったり、途中で死んだり、あるいははるか遠方で捕まって、その地で猛獣刑に処せられたりすることで、その場合はその奴隷にかけてきた費用が丸ごと無駄になる。

　逃亡奴隷といえば、ぜひとも紹介しておきたい驚くべき話がある。物知りの友人から聞いたのだが、彼自身がローマ市内で実際に目撃した出来事だそうだ。その日、大競技場《キルクス・マクシムス》で野生動物を使った大がかりな催し〔模擬狩猟、猛獣同士の戦い、猛獣と剣闘士の格闘、公開処刑としての猛獣刑など〕が行われた。数百頭の野生動物が運び込まれ、レイヨウやキリンのような無害な動物もいれば、大きくて獰猛な獣たちもいた。とりわけ猛々しいのがライオンで、なかでも一頭並外れて大きく、いかにも凶暴そうな雄ライオンがいて観客の注目を集めた。低い唸り声は地鳴りのようで、首が太く、豊かなたてがみが肩までかかっていたそうだ。しかもしばらく餌を与えられていなかったとみえて、明らかに肉に飢えていた。

やがて罪人の公開処刑が始まり、何人もの罪人たちが引き立てられてきた。そのなかに属州総督に仕えていたアンドロクレスという奴隷もいて、この男が武器ももたずに押し出されたかと思うと、注目の的だった雄ライオンが放たれた。観客はどうなることかと固唾をのんだが、そのとき思いもよらないことが起きた。ライオンは男に目をとめると、突進するのではなくその場に立ちすくみ、それからゆっくりと近づいていった。そして飼い犬が主人を見つけたかのように尾を振りながら男の傍に寄り、手や足をそっとなめはじめたのだ。男は恐怖のあまり目を閉じ、身をこわばらせていたが、優しくなめられると徐々に落ち着き、とうとう目を開けた。そしてはっと気づいたような顔をし、それからにっこり笑ってライオンを抱きしめた。

観客たちは仰天し、いったいどういうことだ、教えろと騒ぎはじめた。そこで皇帝がアンドロクレスを呼び寄せ、なぜあのライオンはおまえに危害を加えなかったのかと訊いたのだが、そこでアンドロクレスが語ったのは世にも不思議な話だった。

「わたしが仕えていた主人は属州総督としてアフリカを治めていました。気性の荒い人で、わたしは毎日のように理由もなく鞭打たれていましたが、とうとう耐えられなくなり、逃げることにしました。しかし何といっても主人は総督ですから、人がいるところに逃げてもすぐに捕まってしまいます。それで砂漠に行くしかないと思いました。食べ物も水も見つけられなければ死を選ぼう、そのほうが捕まって連れ戻されるよりいいと覚悟を決めたのです。そして砂漠を放浪する日々が始まりました。ある日のこと、じりじりと焼けつく太陽を避けようと洞窟に入ると、すぐあとからライオンがやってきて倒れ込みました。ライオンは弱っていて、前足から血が流れ、その傷が痛むとみえて唸り声を上げました。

わたしは震え上がりました。うっかりライオンの巣穴に入ってしまったにちがいないし、これで万事休すだと思いました。ところがライオンは、洞窟の隅で震えているわたしに気づくと静かに近づいてきて、助けを求めるようにそっと前足を上げたのです。足の裏には大きな棘が刺さっていました。わたしはそれを抜いてやり、溜まっていた膿を絞り出し、血を拭って傷口を乾かしてやりました。もう恐怖は消えていました。ライオンのほうも棘がとれてほっとしたようで、前足をわたしの手に預けたまま寝そべり、そのまま眠ってしまいました。それから三年ものあいだ、わたしはそのライオンと洞窟で暮らしました。ライオンは獲物を仕留めるとおいしい部位を持ち帰ってくれ、わたしはそれを天日干しにして――火を起こせなかったのです――食べました。

しかし三年が過ぎると野生の暮らしにも飽きてきました。そこである日、ライオンが狩りに出た隙に洞窟を離れたのですが、三日ほど行ったところで兵士に捕まってしまい、ローマに連れてこられました。そして、アフリカから戻ってきていた主人から即座に猛獣刑を宣告されました。わたしは知りませんでしたが、ライオンも同じころに捕らえられ、見世物のためにローマに送られてきたのでしょう。そして前足の手当てを受けた恩を、今しがたわたしに返してくれたのです」

皇帝は観客がうずうずしているのを見て、アンドロクレスの話を何枚もの告知板に丸ごと書かせて回覧させた。わけを知った観客たちはアンドロクレスの解放を要求し、皇帝はその願いを聞き入れた。また観客の声を受けてライオンをアンドロクレスに授けた。その後長く、アンドロクレスと細い鎖でつながれたライオンがローマの町を歩きまわるという光景が見られた。人々はアンドロクレスに施しをし、ライオンには花を振りかけ、こう叫んだそうだ。「ほらこれが人間の友達になったライオンだよ。そしてこれがライオンの医者になった男だよ」

解説

この章では再びマルクスの非情な面が見られました。しかし古代ローマにおいては、奴隷に体罰を加えるのは当たり前で、誰もが日常的にそうしていたのです。プラウトゥスの喜劇に出てくる典型的な奴隷も、どうやって主人の鞭を逃れようかとそればかり考えています。しかしながら、すべての奴隷がひどい扱いを受けていたわけではありません。奴隷の扱いはさまざまで、まさに主人次第だったといえるでしょう。またローマ人は一般的に奴隷の酷使や虐待に批判的だったので、主人たちも悪評を恐れたでしょうし、それが奴隷の処罰の行き過ぎを止めるブレーキの役割を果たしていたかもしれません。

人々の関心はやがて皇帝による勅法となって表れ、主人による奴隷の処罰はどこまで許されるかが法によって決められました。ウェディウス・ポッリオが水晶の杯を割った奴隷をウツボの餌にしようとした話が記録されたのは、それが受け入れがたく、残虐極まりない行為と見なされたからです。また、この話のなかのアウグストゥス帝の描かれ方を見れば、こうした皇帝の介入が奴隷の待遇改善を意図して始まったのではなく、皇帝が臣下の日常の暮らしに否応なく巻き込まれ、そこで社会規範の指針を示すよう期待されたからだということがよくわかります。

奴隷たちは主人の人柄のみならず、ちょっとした気まぐれやその日の機嫌にも翻弄されました。ハドリアヌス帝が奴隷の目をペンで突いた話は、異例だったからこそ記録されたのであり、つまりハドリアヌスの性格にそぐわない行為でした。それでも突いたことは突いたのです。思慮深い皇帝でさえ機嫌が悪ければこんなことをしたわけで、だとすれば一般の奴隷所有者たちがかなり頻繁に理不尽な行動をとっていたとしても驚くには当たりません。そして、ローマ人がこの話に注目したもう一つの理由は、奴隷が厚かましい態度をとったからです。当時のローマ人にとっては、奴隷が主人にこのような態度をとるなど思いもよらないことだったでしょう。しかも主人がわざわざ弁償しようと申し出ているのですから、なおさらです。またこの話を見るかぎり、ハドリアヌス帝が謝罪したのは自分が怒りを抑えられなかったからであって、その結果奴隷がひどい目にあったからではないという印象を受けます。焦点が当てられているのは奴隷の不運ではなく、主人の性格です。

奴隷の重罪人は鉱山送りやガレー船送り、あるいは闘技場で猛獣の餌になる公開処刑といった刑に処せられましたが、ローマ人はこれを当然の報いだと思っていました。現代のわたしたちからすれば、ローマ人もライオンの餌食にされる人々に少しは同情したのではないかと思いたいところですが、そのような証拠はほとんど見つかっていません。

重罪を犯した奴隷には何の価値もなく、奴隷でいる資格さえないのだから、こうした処罰を受けるのは当然だと考えられていたようです。

奴隷の逃亡は奴隷所有者について回る問題で、悩みの種でした。しかも資産の喪失を意味するので、何とかして避けたい問題でもありました。当時の占いの手引書の『アストラムプシュクスのお告げ（Oracles of Astrampsychus）』のなかにも、「逃亡奴隷を見つけられるでしょうか？」という問いが取り上げられています。これに対して一〇の答えが用意されていますが〔手引きに従って数字を選んだり足したりし、最終的に得られた番号（一から一〇まで）の答えを見るという仕組み〕、そのうち「見つからない」が六つ、「見つかる」が三つ、「しばらくしてから見つかる」が一つで、逃亡者に有利であり、何やら心強く感じます。つまり逃亡はしばしば成功したのであり、だからこそ余計に多くの奴隷が逃亡を試みたのでしょう。手がかりを頼りに広いローマ帝国のなかを追っていくというのは、個人の奴隷所有者には費用と人手の両面で困難なことでした。助けてくれる警察組織もありませんでした。したがって、見つかる可能性の高い近隣地域を無事に抜けてしまえば、あとは自由人として人生をやり直せる可能性がある程度高かったと考えられます。

マルクスが紹介しているアンドロクレスとライオンの話は、古いイソップ物語をローマ時代に置き換えたものです。このローマ版で興味深いのは、奴隷が逃げた理由をいうところです。主人に残酷で不当な扱いを受けたという理由ですが、たとえ作り話であっても（マルクスは友人が見た話だと書いていますが）、当時の奴隷の心情を知るヒントになります。すなわち、奴隷のなかには不当な扱いを腹立たしく思い、命の危険を冒してでも逃げようとする者がいたと考えられるのです。この点についてはキース・ブラッドリーの『古代ローマの奴隷制と社会』の一〇七‐八ページも参考になります。

奴隷をウツボに投げ与えようとしたウェディウス・ポッリオの話は、カッシウス・ディオの『ローマ史』第五四巻第二三章に載っています。またセネカも『怒りについて』第三巻第四〇章でポッリオの行動を批判しています。罰として製粉所で働かされる奴隷の様子はアプレイユスの小説『黄金の驢馬』の第九巻第一二節から借用しました。鉱山労働の悲惨な状況についてはシチリアのディオドロスの『歴史叢書』第五巻第三六‐八章を、スタティリアの話は『ローマ法大全』の「勅法彙纂」第三巻第三六章第五節を参考にしました。奴隷を打つ際に自分もけがをすることがあったという話は、ガレノスの『心の病（The Diseases of the Mind）』の第四章に述べられています。裕福な主人が人脈を使って逃亡奴隷を探したことについてはシンマクスの『書簡集』第九巻第一四〇書簡を、奴隷が神殿に逃げ込むことができたという件は『ローマ法大全』の「法学提要」第一巻第八章第二節を参考にしました。

第VI章

なぜ拷問が必要か

前章で述べたような奴隷の罰し方を心得ていれば、ファミリア内の規律を維持し、主人の権威を守ることができるはずである。しかしながら、時には奴隷が裁判沙汰に巻き込まれることもあり、その場合は拷問にかけられる。法廷で奴隷に証言させるときは拷問にかけるものと法律で決まっているからだ。理由はいうまでもない。奴隷はだいたいが嘘つきで、痛めつけなければ真実をいわないからである。ただし法廷における奴隷の拷問には一つ条件があり、主人の同意が必要とされる。つまり奴隷は主人に不利な証言はできないのだが、主人が反逆罪〔皇帝の命にかかわる罪〕に問われた場合は例外とされる。

多くの奴隷は道徳的価値をもたないといわれるが、彼らが恐怖に直面したときの情けない様子を見ると頷きたくもなる。拷問器具を見ただけでめそめそしたり、ぶるぶる震えたり、あるいは何でも白状しますと急に饒舌になるのだから、こちらはまともに見ていられない。だが泣いても震えても意味がないし、慌てて証言しても無駄である。何しろ〝拷問の下で〟得られた言葉しか証言として認められないのだから。さもないと、拷問を逃れるために何をいうかわからない。プリミティウスという奴隷の例を見てもわかる。プリミティウスは主人から逃げたいばかりに自ら殺人を犯したと訴え出て、共犯者の名前まで挙げた。だが拷問にかけられると、すべてでっちあげだったと白状した。拷問がなければプリミティウスは処刑されていただろうし、共犯者として名前を挙げられた無実の者たちも鉱山送りになり、主人の資産も剥奪されていただろう。

奴隷の拷問は法廷ではありふれた光景である。だがわたしは一度だけ、被告人が奴隷の拷問に異を唱えるのを見たことがある。二人の男が美しい奴隷の娘を共有していたというケースで、この二人が商売上のもめ事から殴り合いになり、片方が重傷を負った。けがをしたほうが相手を訴え、奴隷の娘の証言を求めた。しかし訴えられたほうはそれを認めず、その娘を愛しているから拷問させるわけにはいかないといった。すると訴えたほうは次の二点を主張した。まず、娘は二人によって所有されていて、どういう経緯でけんかになり、どちらが最初に暴力を振るったかを見ていたのだから、証人として最適である。次に、被告は自分の奴隷（被告が単独で所有している奴隷たち）に証言させたいのだろうが、それは問題で、彼らは主人の意に沿ってあらゆる嘘をつくだろう。さて、結果はどうなったかというと……失礼、残念ながら覚えていない。

一般的な拷問には次のようなものがある。まずは鞭打ちで、奴隷の両手を縛って縄で吊り上げ、鞭で打つ。先に鋭い金属や骨片がついた鞭が使われることもあり、肉に食い込む。次が手足を引き伸ばす方法で、奴隷を「小馬」と呼ばれる木枠か「竪琴」と呼ばれる拷問台の上に乗せ、重りを使って手足を徐々に伸ばしていく。そのまま続ければやがて関節が外れ、ついにはばらばらになってしまう。あるいは重い木片を二つ使って脚を折る、熱いタールや金属板、たいまつなどを当てて焼くという方法もある。極めつきは鉤吊りで、鋭い鉤で脇腹が引き裂かれる。こうした拷問はいずれも法廷内で公開で行われる。

もちろん奴隷が死なないように手加減はするのだが、いずれも厳しい拷問なので、結果的に死んでしまうこともままある。なお、証言が得られたとしても、あくまでも奴隷の口から出た言葉なのだから完全に信用することはできない。単に拷問をやめさせるために口から出まかせをいうこともある。また、奴隷の拷問による証言収集は最後の手段であって、誰かが罪を犯したとわかっていながら証拠がないという場合に限られることも忘れてはならない。

奴隷の拷問には主人の同意が必要だと書いたが、これは法の抜け穴にもなりうる微妙な条件である。そこでアウグストゥス帝〔在位前二七～後一四〕はこの穴をふさぐための先例を作り、以後、奴隷の証言が必要なのに主人の同意が得られない場合、その奴隷は強制的に国あるいは皇帝に売られることになった。そうなれば奴隷はその主人から切り離されるので、同意がなくても拷問できる。なかにはこれに反対し、法を愚弄するものだと批判する人もいたが、多くの人々はこうした措置が不可欠だと考えた。従来のままでは、主人の同意という条件に阻まれて、国の安定を揺るがすような陰謀をあぶり出すことができないからである。

奴隷の拷問についてはもう一つ書いておくべきことがある。主人が殺害された場合の奴隷の拷問である。前章でも少し触れたが、主人が殺されたとき同じ屋根の下にいながら主人を助けようとしなかった奴隷は、例外なく拷問による尋問を受け、それから処刑されることが法で定められている。この法が制定された理由は明らかだ。奴隷が主人を守らなくてもいいとしたら、家内の安全は望むべくもないからである。奴隷自身が主人に危害を加えることは論外だが、家内の別の奴隷によって危害が加えられる場合でも、奴隷はその危害から主人を守らなければならない。そのためにわが身を危険にさらすことになっても、主人を守る義務がある。

少し細かい解釈を加えておこう。まず、「同じ屋根の下」とは何を意味するのだろうか？　家の敷地内のことか、それとも同じ部屋のなかだろうか？　一般的には「物音や声が聞こえる範囲」と解釈されている。主人が助けを求める声が聞こえたとしたら、それは助けにいくことができる近距離にいたことになるからだ。とはいえ声の大きさも耳のよさも人それぞれなので、どの範囲が妥当かは案件ごとに法廷で決められる。また、殺された主人の遺言は証拠調べが終わるまで開けてはならないことになっている。通常遺言には主人の死後解放される奴隷の名前が書かれているものだが、拷問の対象とされる奴隷がそれに該当した場合、解放されて自由身分となり、拷問ができなくなるからである。

また、この法律に出てくる「殺された人」は、暴力ないし流血騒ぎの結果死んだ人を意味する。たとえば首を絞められた、高いところから突き落とされた、鈍器ないしその種の武器で殴られたという場合であって、密かに毒を盛られたような場合はこれに当たらない。なぜならこの法律の目的は、主人が助けを求めていることが明らかなときに、奴隷に助けさせることだからである。密かに毒を盛られた場合は事前に知りようがなく、それを防ぐこともできない（毒を盛った者は訴追されるが、それは別の法律による）。一方、力ずくで毒を飲まされた場合はそのかぎりではなく、「暴力による死」の範疇としてこの法律の適用を受ける。

では自殺はどうなのだろうか？　基本的に、主人が自殺した場合はこの法律は適用されず、同じ屋根の下にいた奴隷が拷問されたり処刑されたりすることはない。ただし、奴隷たちが見ている前で自殺したとしたら、止めることができたはずだと見なされ、この法が適用されて奴隷は罰せられる。助けようとしたがそれが不可能だったという場合は無罪である。

神君ハドリアヌス〔在位一一七〜一三八〕は、この法は被害者と「同じ部屋に」いた者たちには確実に適用されるとした。また、自分も殺されると思って怖くなり、助けられませんでしたという言いわけは通じないという点にも念を押している。そのような場合でも、大声で助けを呼ぶなど、何らかの方法で主人を助ける努力をするべきだという解釈である。一方、主人が農村の領地で殺された場合については、法の適用を少し緩めた。「声が聞こえる範囲」といっても、農場では叫び声が遠くまで届くだろうし、何か聞こえたからといって助けに駆けつけられるとは限らず、領地内のすべての奴隷を拷問・処罰するのは不当だからである。したがって、主人が殺されたときすぐ近くにいた奴隷で、加害者あるいは共犯者と目される奴隷を取り調べればそれで十分だと定められた。なお、主人が外出中で、たまたま独りだった場合には、この法は適用されない。また子供の奴隷と結婚適齢期に達していない女奴隷は、年齢を考慮して許してやるべきで、拷問してはならない。

奴隷の証言を採用することに反論があるとすれば、それは拷問によって得られた証言だからではなく（拷問しなければ奴隷は真実をいわないので絶対条件である）、奴隷が一般的にいって道徳的価値をもたないからである。奴隷の証言と自由人の証言が食い違った場合にはまさにその点が取り沙汰される。自由人の言葉を無視して奴隷の言葉を信じることなど、とても考えられない。それに、奴隷は不道徳な行いを重ねてきただろうが、自由人のほうは個々の能力を最大限に発揮して国に貢献してきたにちがいないのだから。

過去においては、奴隷に偽の証言をさせるためにひどい拷問にかけた主人もいた。たとえばサッシアという女は、息子のクルエンティウスが義父のオッピアニクスを殺したという証拠をでっちあげようとして、ストラト、アスクラ、ニコストラトゥスという三人の奴隷をありとあらゆる苛酷な拷問にかけて尋問した。この三人は試練に耐え、真実を固守したが、サッシアは簡単にあきらめるような女ではない。時を置いて再び尋問を行い、これ以上ないというほど厳しい拷問を加えた。その残虐性は立会人として呼ばれた人々も目を背けるほどで、とうとう拷問者も疲れはててしまった。サッシアは憤り、拷問を続けるよう命じたが、立会人の一人がこれはもはや真実を知るためではなく、奴隷に偽りをいわせるための拷問ではないかと疑問を呈すると、他の立会人もこれに賛同し、もう尋問は終わりだといってそろって出ていった。サッシアはそれでもなおあきらめず、三年後に尋問を再開すると、ニコストラトゥスを拷問で死に追いやり、ストラトも、自分を告発できないように舌を抜いてから磔にした。

この当時は、主人が真実を知るために自分の奴隷を拷問にかけることが認められていた。つまりサッシアが奴隷を拷問したこと自体は違法ではなかったが、そのやり方はあまりにも残酷で道を外れていた。その後、偉大なる皇帝たちが主人と奴隷の関係に関与するようになったおかげで、今日ではサッシアのような行為は法で禁じられている。すでに述べたように、今では主人はまともな理由もなく奴隷を殺すことはできない。また奴隷には官吏に訴え出る権利があり、虐待する主人から守ってもらう権利もある。前述のように神々や皇帝を祭った神殿に逃げ込むこともできる。

それにしても恐ろしいのは、皇帝のなかにも奴隷の拷問を悪用し、邪魔者を退けるのに使っていた人物がいるということである。ドミティアヌス帝〔在位八一～九六〕のことだ。ドミティアヌスは国庫を満たそう、あるいは私腹を肥やそうと思うたびに、大富豪の一人に狙いを定めて罪に陥れた。これといった理由が見つからないときは反逆罪で訴え、家内奴隷を拷問し（反逆罪の場合は主人の承諾なく奴隷を拷問できる）、偽の証言をさせるのである。いや、実際にはだいたいの場合、手間暇かけて拷問をする必要さえなかった。奴隷をそそのかして買収し、主人が陰謀をたくらんでいる証拠を捏造させればいいのだから。こうした行為によって、結局ドミティアヌスは富豪たちの反逆罪を証明したというよりも、自分が奴隷よりも劣ることを証明したのだ。

解説

法手続きの一環として奴隷の拷問が行われていたことは、現代のわたしたちにとっては驚き以外の何ものでもありません。しかし古代ローマの人々にとってはごく当たり前のことでした。奴隷はあまりにも身分が低く、かつ道徳的に弱い存在なので、真実を語るはずがないと考えられていたからです。したがって、奴隷の拷問は真実にたどりつくために必要な手段であり、理にかなったもの、正義のためのものと見なされていました。奴隷には法的権利がほとんど認められていなかったという事実からも、時には手荒い拷問を受けていたのではないかと推測できます。社会的地位が低い者に正しい行いをさせたり真実を語らせたりするには、厳しい扱いが必要だと考えられていたのでしょう。

ただし、拷問すれば必ず真実を語ると思われていたわけではありません。ローマ人は拷問による供述の扱いには注意が必要だということも知っていました。奴隷が苦痛から逃れるために嘘をついた事例が山ほどあったからです。しかしそうした事例があっても、拷問という慣習そのものの価値は変わらないと考えていました。なお、ローマ人は安易に拷問に頼ったわけではありません。証拠集めの最終段階で、すでに犯行については明らかになったものの、決め手となる証拠が不足し、あとは奴隷の証言しかないという場合にのみ拷問が行われました。

主人の殺害に関する法律はとりわけ奴隷に厳しいものでした。近くにいた奴隷を全員処刑するというのはかなり極端ですし、それだけに数々の興味深い法的な議論が交わされました。その一方で、奴隷が家内のよからぬたくらみを暴こうとするようになり、また主人の身に危険が迫ったときに以前より積極的に駆けつけるようにもなったのですから、効果があったことも確かです。実をいうと、古代ローマの文献には主人殺しの実例があまり見られません。これをどう解釈すべきかは悩むところです。主人と奴隷のあいだには、わたしたちが思うほどの葛藤も軋轢もなかったのかもしれませんし、ただ単に厳しい法律が狙い通りの効果を上げたからかもしれません。あるいは、今日に残された事例は社会の上層部の限られたものでしかなく、古代ローマ社会全体ではもっと頻繁に主人殺しがあったのかもしれません。

マルクスより前の時代には、主人は自分の奴隷を思いのままにする権利をもっていて、拷問の権利もその一つでした。なかにはその権利を乱用する主人もいたわけで、サッシアの話はその例です。ただし、この話がわざわざ記録されたのは珍しい事例だったからでもあります。拷問の権利はその後何人もの皇帝によって制限され、主人が拷問の正当性を証明しなければならなくなりました。また奴隷には虐待を訴え出る権利が与えられました。

奴隷の拷問に関する法律は『ローマ法大全』の「学説彙纂」第四八巻第一八章に載っています。主人が殺害された場合にどの奴隷を処刑すべきかの細かい解釈については、「学説彙纂」第二九巻第五章が参考になります。主人が奴隷を処刑する権利に加えられた制限については、「学説彙纂」の第一八巻第一章第四二節と『テオドシウス法典』の第九巻第一二章第一法文をご覧ください。アウグストゥス帝が主人の拒否権を回避する策を練った件はカッシウス・ディオの『ローマ史』第五五巻第五章に、反逆罪の場合は主人の同意なく奴隷を拷問できたという件は『テオドシウス法典』の第九巻第六章に記述があります。奴隷娘に恋する男がその娘を拷問から救おうとした話は、リュシアスの『弁論集』第四弁論から借用しました。サッシアの話はキケロの『クルエンティウス弁護』に出てきます。

第Ⅶ章

奴隷の楽しみ

奴隷は働く運命にある。主人が幸せであるように骨を折るのが奴隷の人生であり、主人とその家族、あるいは主人から権限を委譲された者のために常に気を配るのが奴隷の務めだ。しかしながら、汗と労働だけが彼らの人生、と考えるべきではない。くつろぎや気晴らしの時間も少しはあるべきだと考えるのが、主人にとっても賢明なことである。何しろ重労働をさせるには奴隷の士気を保たなければならない。満足した奴隷はよく働くが、悲歎に暮れる奴隷は仕事に身が入らず、手抜きの方法ばかり考え、さもなければ愚痴をこぼす。ではどうやって奴隷に憂さ晴らしをさせればいいのだろうか？　その絶好の機会がサトゥルナリア祭である。

　サトゥルナリア祭の起源は古く、農神サトゥルヌスが世界を支配していた黄金時代を祝う祭りである。その時代は人々が平等で、社会には序列も階級もなかった。奴隷も私有財産も存在せず、万人が万物を共有していた。

　祭りは一二月一七日に始まり、何日も続く。昔は一日で十分だったが、今は余暇と寛容の時代であり、一日では足りなくなった。祭りのあいだはローマ中が熱狂し、興奮の渦に包まれる。公の儀式はサトゥルヌス神殿で行われ、「サトゥルナリア《イオ・サトゥルナリア》万歳！」という叫びが響きわたる。人々はわれを忘れ、通りや市場に出てどんちゃん騒ぎを繰り広げ、軽薄な歌をうたって浮かれる。普段そんなことをしたら、金持ちならさげすまれ、貧乏人なら気が狂ったと思われるだろうが、祭りのあいだはそんな心配はいらない。卑猥な歌や淫らな踊りも許される。夜ごと饗宴を楽しんでいる富裕層にとっては毎日が祭りのようなものだが、サトゥルナリア祭のときだけは、今が豊かな時代であることを万民が体現する。またこの祭りは単なる祝日ではなく、世の中全体の価値観がひっくり返るときでもある。普段はいい行いとされていることがそうでなくなり、逆に冒涜的で、下品で、汚らしく、酔っていることなどがいいとされる。劇場や円形闘技場では盛大な催しがあり、通りには仮装行列が繰り出し、市場には笑劇もかかる。広場は大道芸人や手品師、ヘビ使いなどでいっぱいになる。人々は役人をからかい、何でもかんでもこきおろし、神々まで引き合いに出して笑い飛ばす。皇帝でさえやり玉に挙げ、彫像に向かって悪態をついたりする。

服装もいつもとは違う。トーガではなく派手な色のトゥニカを着るし、誰もが着飾る。また、祭りのあいだは階級がなくなることを象徴して、本来は解放された奴隷に与えられるフェルト帽を誰もがかぶる。皇帝も例外ではない。そして誰もが贈り物を交換する（普段は対等の者同士でしか行わない）。賭け事も許される。臆病な奴隷でさえ、按察官（公共施設や流通、祭事の管理、治安の監視などを行う官職）の目の前で堂々とさいころを振る。祭りのあいだ奴隷は罰せられないので、主人に不平をぶつけたっていい。それどころか、主人は食堂で奴隷たちに給仕しなければならないし、ワインもふるまわなければならない。男女も逆転し、男が女の服を着る。無礼講の極めつけは奴隷が王のふりをすることで、奴隷たちが籤《くじ》引きで王を選び、選ばれた者は王冠をかぶり、マントを羽織って次々とおかしな命令を出す。「馬の代わりにコックの上に乗れ！」とか、「全員指三本分のワインを一気飲みしろ！」といった調子である。

主人としてこの祭りにどの程度参加するかはあなたが決めればいい。ある友人は何をやっても場を白けさせてしまう名人で、いつも祭りから一歩身を引いている。家内の祝宴が大いに盛り上がったところでこっそり抜け出し、自室にこもる。食堂で家中の者が浮かれ騒ぎ、盛り上げ役が大声を上げているときに、自室で独り静かに過ごすのが快適なのだそうだ。それならうっかり場を白けさせる心配もないし、奴隷たちも思う存分羽目を外すことができるし、自分も勉強に没頭できる、というのが彼の言い分である。

何とつまらないやつ！　一緒に盛り上がってしまえばいいものを。祭りの輪に飛び込めば、奴隷たちがどれほどいい雰囲気で楽しんでいるかに驚くだろう。わたしは率先して盛り上がることにしている。飲んで、酔って、叫んで、ゲームをし、さいころを振り、素っ裸になって歌い、腹をたたいたりゆすったりする。時には奴隷たちのなすがままになり、顔にすすを塗られ、冷たい水のなかに突き落とされたりもする。奴隷たちは大喜びだ。

要するにこの祭りは〝はちゃめちゃ〟である。社会構造の前提がひっくり返り、男と女、主人と奴隷といった関係が普段の逆になる。奴隷にとっては自分の理想の人生を思い描く機会となる。古典的な美が奇怪で異様なものに置き換えられる世界でもある。礼儀も作法も最低レベルにまで引き下げられ、食事中もおならや罵声が響きわたる。しかもやたらに物を投げるので、祭りのあいだはいちばん安い食器セットを出し、ほかはしまっておいたほうがいい。地方によってはお楽しみとして動物を虐待することさえあるそうだ。

情事も思いのままで、どこへ行ってもお楽しみ中のカップルがいる。もともとは多産と豊穣を祈ってのことだったが、今ではただ若者たちが淫らな行為に溺れる機会でしかない。通りに出れば挑発的な言葉を叫ぶ人々が練り歩いているし、市場に行けば女を物色している男がうようよいる。夜になっても誰も眠らない。人々は歌いつづけ、踊り狂い、ジョークを飛ばす。

そう、誰もがはしゃいでいる。いつもなら気を遣う相手でも、このときばかりはからかってもいい。神々に扮した仮装行列も通る。彼らは歩きながら滑稽なしぐさをするのだが、どうやら著名人のものまねらしい。怪物に扮し、あるいは動物の毛皮をまとって練り歩く人々もいる。そういう連中は見世物として乳房のある男や小人を連れていたりするし、なかには不快なものや衝撃的なものもあるというので、自分の家の奴隷が参加するのを禁じる主人もいる。だが、それは心配しすぎではないだろうか。

ごくまれに祭りの精神が現実の世界に飛び火して、抗議や暴動につながることがある。だがそれも、お祭り騒ぎは時に手に負えなくなるというだけのことだろう。いくら上下が逆転するとはいえ、サトゥルナリア祭はあくまでも管理下に置かれた別世界でしかないのだから。実際、人々が祭りを利用して権力に盾突くようなことはめったにないし、あっても深刻なものにはならない。ある年の祭りで頭に血の上った男が皇帝の冠を奪ってかぶったことがあったが、人々の怒りを招いて袋だたきにされた。それに、サトゥルナリアの王が支配する時間は短く、祭りの最後の儀式で王が殺されると同時に（本当に殺されるわけではない）、平等精神も消えるのである。この祭りは〝来たるべき正義〟といった考えに火をつけ、国と社会の安定を脅かすと案じる人もいるが、わたしにいわせれば、サトゥルナリア祭は実際に社会を変える力をもつものではない。

祭りをきっかけにして、反目し合っていた市民同士が和解したり、家同士のもめ事が解決したりすることもある。それは日常のなかで蓄積された緊張がほぐれるからで、それこそがこの祭りの意義ではないだろうか。また、ルールのない社会がどれほど奇妙で混沌としたものかを人々が体験することによって、序列や規範の大切さが再認識されるという面もある。祭りの延長で社会がひっくり返るなどという危惧は、単純すぎてあきれるほどだ。芝居で男が女装しただけで、男女が同等になり、女性たちの地位が引き上げられるとでもいうのだろうか？　そんなことはありえない。サトゥルナリア祭はわれわれ全員に、とりわけ奴隷たちに、既存の秩序を捨てるのは愚かなことだと教えてくれる。何しろそれは〝はちゃめちゃ〟にしかならないのだから。

さて、主人にとって祭りに参加すること以上に大事なのは、けじめをつけることである。祭りが終わってもだらだらとパーティー気分を引きずらせてはいけない。というわけで、翌朝はとりわけ厳しい顔で奴隷たちに接することをお勧めする。また家内の雰囲気を引き締めるために、ぐずな奴隷をつかまえて叱責するのもいいだろう（もしかしたらそれは、祭りのあいだ少々羽目を外しすぎ、あなたの気分を害した奴隷ということになるかもしれないが）。

いったんけじめをつけたら、そのあとは祭りのあいだに生まれた奴隷たちとのつながりを折に触れて維持したいものだ。わたしは祭りのあと、農場の奴隷たちと若干打ち解けた調子で話をするようにしている。もちろん主人の権威を損なわない範囲での話である。長年の経験から、主人がそのような態度をとることで、彼らの苦労が少しは報われることを知っている。だから時には彼らに冗談をいうし、場合によっては彼らに冗談をいわせることもある。ただし都市の家内奴隷に対してはあまり打ち解けすぎないほうがいい。彼らの境遇は農村の奴隷ほど辛いものではないし、始終顔を合わせるだけに、こちらが打ち解けた態度を見せれば、相手はそれを日常的に続けようとするだけだ。そうなればいずれ主人のいうことを聞かなくなり、権威の失墜につながる。

とはいえ、わたしも子供のころの世話係だった奴隷だけは例外にしている。前にも書いたフェリクスのことだが、とうに七〇を超えているはずだから奴隷にしては驚くほど長生きだ。子供のころ、奴隷とはいえ彼の監督下に置かれていたので、どうやってみてもフェリクスに向かって主人面はできない。いや、できたとしても、フェリクスがすぐに昔話を引っぱり出してきてからかうので、こちらが負けてしまう。何しろわたしが子供のころのおかしな癖とか、授業をさぼって杖で打たれそうになった話など、何でも覚えている。そういえば、あの偉大なる征服者のアレクサンドロス大王も子供のころは奴隷に叱られたという。高価で貴重な香を祭壇に山のように積み上げていたら、家庭教師のレオニダスに、そんな贅沢なやり方で神々を呼び出すのは、乳香を作る人々を征服してからのことだとたしなめられたそうだ。大王もそれを覚えていて、アラビアを支配下に置くと、船いっぱいに香を積み、これを盛大に焚いて神々を祭るがいいと言葉を添えてレオニダスに送りつけた。

サトゥルナリア祭以外の話をつけ加えておくと、奴隷たちの普段の気晴らしとして、わたしは夕食のあと二時間の休憩時間を与えている。ワインも配るが、量はごく控え目にして、騒ぎやけんかが起きないようにしている。

なお、いくら気晴らしが必要でも、あの下層民たちが集まるクラブには奴隷を行かせないほうがいい。表向きは平和な集まりで、きちんとした葬儀で死者を送るために会員が金を出し合う「埋葬クラブ」なのだが、この種のクラブがあちこちの町で不穏な行動に出たことを忘れてはならない。どういう名で呼ばれていようとも、また名目上どういう目的のために設立されたものであっても、結局のところは政治集会の様相を呈することになる。たとえ会合の時間が短くても油断はできず、いずれは騒動を起こすと思ったほうがいい。

またいかなる理由があろうとも、街の繁華街に入り浸るようなことを奴隷に許してはならない。許せばいつの間にかあのあたりにたむろする奴隷の仲間入りをし、仕事をしなくなり、マルスの野《カンプス・マルティウス》や大競技場《キルクス・マクシムス》、劇場などをうろつくようになり、賭け事をし、酒場や居酒屋で暇をつぶし、売春宿にも出入りするようになる。あなたが気づいてどうにか仕事に戻らせても、身についた遊び癖は簡単には直らない。

解説

古代の奴隷制の多くの面についていえることですが、奴隷がどういう目的で使われるかによって、奴隷制の実態にも大きな違いがあったと考えられます。一般的に、都市の家内奴隷は地方の農場の奴隷よりも肉体的に楽な仕事をしていましたが、余暇の面でも恵まれていました。何しろ都市では農村地帯よりはるかに多くの娯楽が提供されていました。農場で集団で働かされていた奴隷たちに比べると、都市の家内奴隷は厳しく監視されていたわけではないので、たとえ主人から正式に休憩時間を与えられていなくても、ちょっとした息抜きの時間は確保できたでしょう。一方、農場の奴隷は肉体的にきつい仕事をしていたので、都市の奴隷以上に休養が必要でしたが、その時間が与えられるかどうかは主人次第でした。征服戦争のあとで奴隷が余っていた時期には、奴隷を死ぬまで働かせて平気な顔をしている主人もいました。とはいえ、それは供給過多によって奴隷が安い消耗品になっていたからで、全体から見ればそのような状況はむしろ例外です。基本的には、奴隷は主人にとって貴重な財産だったので、農場の奴隷についても、多くの主人は疲労回復に十分な休養を与え、次の日の仕事に備えさせていただろうと思われます。

この章で紹介されているサトゥルナリア祭は年に一度の行事で、多くの奴隷にとって自由を満喫する貴重な機会でした。そしてその恩恵を最大限享受できたのはやはり家内奴隷でしょう。彼らは日常的に主人一家とかかわっていたので、休暇といった有形の報酬を年間を通じて受けていて、祭りのときも当然羽を伸ばせたと考えられます。当時の文献にはサトゥルナリア祭への言及が数多く見られますが、それを見るかぎりかなり熱狂的な祭りだったようで、マルディ・グラ〔カトリック諸国で四旬節の前に催される謝肉祭（カーニバル）の最終日のこと〕に少し似ています。ただし実際に記述通りだったのか、それとも記述は少々大袈裟なのか、そのあたりは何ともいえません。小プリニウスはサトゥルナリア祭のあいだ自分の部屋にこもりましたが、それは宴会騒ぎから逃れるためであると同時に、奴隷たちの楽しみを邪魔しないためでもあったと書き残しています。ひょっとすると大所帯の主人の場合はむしろそれが普通だったかもしれません。奴隷の多くは主人と気軽に会話を楽しむ勇気などなかったでしょうし、立場を入れ替えて主人に給仕させるなど、どうにも居心地が悪かったでしょう。とはいえ、小プリニウスはどう見ても平均的な主人とはいえないので、他の主人たちは違っていたかもしれません。小プリニウスは裕福でしたが、文人でもあり、普通の人々が楽しむような娯楽からは身を引くタイプでした。なお、古代ローマは多くの面でまだまだ素朴な社会でしたから、祝祭となるとそれこそどんちゃん騒ぎになったようです。一方、農場の奴隷たちがサトゥルナリア祭をどう過ごしたかは容易に想像がつきます。いつもより多くの食事が配られ、ワインをたっぷり楽しめたといった程度だったでしょう。

祭りの実態がどうだったにせよ、終われば日常に戻るのは当然のことでした。祭りの熱狂が怒りに変わり、下層階級の不満の爆発につながったという例はほんの数件しかありません。奴隷たちがつかの間の規律の緩和を利用して、もっと強硬に自分たちの言い分を通そうとしたとは思えません。

サトゥルナリア祭の様子はマルティアリスの『警句集』第一四巻第一句、セネカの『倫理書簡集』第一八書簡、ルキアノスの『サトゥルナリア』、ヒッポのアウグスティヌスの『説教集』説教一九八第一節、タキトゥスの『年代記』第一三巻第一五章、エピクテトスの『語録』第一巻第二五章、リバニオスの『弁論集』第九弁論第五-六節などに書かれています。場を白けさせる名人だったという小プリニウスが家内の大騒ぎを逃れて自室にこもった件は、小プリニウスの『書簡集』第二巻第一七書簡にあります。サトゥルナリア祭や下層階級の一般的な娯楽については、拙著『古代ローマの大衆文化(Popular Culture in Ancient Rome)』の第三章「逆転した世界」もぜひ参考にしてください。

第Ⅷ章

スパルタクスを忘れるな！

《奴隷の数だけ敵がいる》——彼らを敵にしたのがわれわれだとしても、奴隷所有者である以上、この古い格言を忘れるわけにはいかない。あなたの家にいるのがどれほど信頼に足る忠実な奴隷たちであっても、自由になる機会があればほぼ全員がそれに飛びつくのだから。そうした機会を不用意に与えれば、彼らはそれを逃さない。

この社会に大勢いる奴隷たちは休火山のようなもので、いつかウェスウィウス山〔ヴェスヴィオ山のこと〕のように噴火して偉大なるローマ文明を破壊するかもしれない。彼らは必ずしも理想通りの公正な扱いを受けているわけではなく、敗北の恨みを胸に秘め、日々侮辱に耐えている者も多い。したがって、奴隷たちがある日あなたの権威に盾突き、抵抗することがあるとしても驚くには当たらない。幸いなことに、過去の例を見るかぎり大規模な反乱は数が限られ、それ以外は小規模で、少々厄介という程度にとどまっている。それでも無視していいわけではなく、主人の心構えとして、どのような事例があったのか知っておくべきだろう。

大規模な反乱はまれだといっても、それが衝撃的であることに変わりはない。最初の反乱はカルタゴとの三回目の戦争〔第三次ポエニ戦争〕の少しあとで起きた。ローマが長年の戦争で疲弊していたときだが、同時にローマ軍の勝利によって大量の奴隷を獲得した直後であり、まだ売られていない者も含め、イタリア本土やシキリア〔シチリアのこと〕に奴隷があふれているという状況だった。しかも危険なことに、その奴隷たちは同じ民族的背景をもっていて、互いに意思疎通を図り、励まし合うことができたし、軍の指揮官も一緒に捕らえられていて、戦略を立てたり奴隷たちをまとめたりすることが可能だった。

そして案の定、シキリアで反乱が起きた。大規模かつ本格的な反乱で、多くの町が破壊され、無数の人々が命を落とし、女子供も悲惨な目にあった。シキリア島全体が反乱軍の手に落ちる寸前までいったといえば、深刻さがおわかりいただけるだろうか。奴隷たちは暴虐の限りを尽くし、主人に復讐するかのように自由人を狙った。シキリアの住民たちはただもう驚いただろうが、前述の奴隷の大量流入の件と、当時のこの島の状況を考え合わせれば、理由もなく起きた反乱ではないことがわかる。その状況をざっと振り返ってみよう。

シキリア島は農産物が豊富で、人々は豊かな土地の恩恵に浴していた。だが裕福になればなるほど人々は傲慢になり、贅沢が蔓延しがちだ。さらにこのころ大土地経営による小麦栽培が盛んになり、大地主が奴隷をまとめ買いして大量に使役するようになった。奴隷は全員顔に烙印を押され、足枷をつけられ、重労働を強いられて死んでいった者も少なくないと聞く。奴隷たちが主人への怒りを募らせたのも当然のことだろう。

だが、こうした奴隷たちの悲惨な状態をローマでは誰も深刻に受け止めておらず、噂を耳にしても大袈裟なといって聞き流していたようだ。そのせいもあって大土地所有者の傲慢ぶりはますますひどくなり、牧夫などには食事を与えず勝手に調達してこいというほどになった。彼らは飢え、とうとう食べ物を奪うために人を襲うようになる。

初めのうちは人里離れたところで旅人を襲う程度だったが、やがて彼らは徒党を組み、夜中に農場を襲って略奪し、抵抗する者を殺すことまでするようになった。牧夫はもともと野外の暮らしと武器の扱いに慣れているため、自在に動きまわる武装集団へと容易に姿を変える。しかも動物の肉や乳が主食だったので、肉体も精神も人間離れし、野生化していったといわれている（動物の肉や乳にはそうした作用があるそうだ）。こうしてシキリアは野蛮な武装集団が散在する島となり、旅人には危険な場所、町の城壁の外に住むことも危うい土地となった。属州総督は何らかの対処を望んだものの、シキリアは基本的に大土地所有者の領域であり、彼らの同意なく行動に出ることはできず、島が食い荒らされていくのを黙って見ているしかなかった。

一方、畑仕事に縛りつけられていた奴隷たちのほうは、そのあいだも強制労働と虐待に苦しんでいたが、こちらもとうとう我慢できなくなった。彼らは主人の目を盗んで相談し、やがて牧夫たちの武装集団と行動をともにするようになっていく。

だが、この反乱の全体をまとめたのはそのうちの一人ではなく、シリアのアパメアから来た奴隷である。この男は驚くべき奇跡を起こすと評判の魔術師で、未来が見える、寝ているあいだに神々が語りかけてくるといい、しかも行いも立派だったので、多くの奴隷たちがその力を信じた。そのうち男は、目が覚めているときでも神々が見える、これから何が起きるのか直接聞くことができるといいだした。

もちろん、この男に本当に不思議な力があったわけではない。想像をめぐらせて口にしたことがたまたま現実になったにすぎない。しかしその噂が広まり、島中の奴隷の尊敬を勝ち得たのだ。男は超能力者になりきり、神が降りてきたふりをして口から火を吹いてみせ、未来の予言を人々に聞かせた。火を吹くのもトリックで、クルミに穴をあけ、なかに燃料と火を入れ、誰にも見られないように口に含んでおいて、しゃべりながら炎を吹くのである。

男はいよいよ反乱の機が熟したとみると、シリアの女神から「おまえが王になる」とのお告げがあったと奴隷たちに伝えた。それが功を奏し、実際に反乱が勃発すると予言通り奴隷集団の指導者に祭り上げられた。反乱軍は万の単位となり、しかも全員が残虐な主人たちへの憎しみと復讐心で一つに結ばれていた。

このシキリアの事例が大規模な奴隷反乱の最初のものだが、人々の記憶に深く刻まれたという意味ではスパルタクスの反乱のほうが上である。といっても、スパルタクスたちは奴隷の王国を目指したわけではなく、できるかぎりの略奪をして、何とか北方の故郷に帰ろうとしただけだ。しかし背景にあったのが奴隷所有者たちの行きすぎた残忍性だったことは、シキリアの反乱と変わらない。

反乱の直接のきっかけを作ったのはカンパニア地方のカプアにいたレントゥルス・バティアトゥスという男である。この男は興行師で、剣闘士として戦わせるために大勢の奴隷を所有していた。その多くはガリア人とトラキア人で、罪を犯したわけでもないのに、ただ主人の利益のために剣闘士として死闘を繰り広げることを強いられ、養成所でそのための訓練を受けていた。やがてそのうちの二〇〇人が脱走を企てたが、密告により監視が強化されていたため、逃げ出せたのは七八人だけだったそうだ。彼らは厨房で包丁だの焼串だのをひっつかみ、それを武器にしてどうにか養成所の外に出たのだが、折よく剣闘士用の鎧と武器をほかの町に運んでいく荷馬車と出くわし、これを奪って武装した。

この脱走者たちの指導者として選ばれたのがスパルタクスである。トラキアの遊牧民の出身で、勇気と力がある上に、奴隷になる定めとは思えないほど賢く、人情にも厚かった。スパルタクスをギリシャ人だと思っている人も多いのではないだろうか？　たしかにギリシャ人に似ていたらしいが、実際はトラキア人である。噂によれば、スパルタクスが奴隷としてローマに連れてこられたとき、一匹のヘビが現れて、眠っている彼の顔の周りにとぐろを巻いたという。同族の女予言者で、スパルタクスの妻だったとされる女は、これを大きな力を手にするという意味だと解釈したそうだ〔同時に、不幸な結末の前兆ともされた〕。スパルタクスは奴隷たちを率いてウェスウィウス山に立てこもり、そこから奇襲攻撃をかけて食料や武器を調達し、その際に戦利品を平等に分け与えたことでますます人望を得た。

彼らの最初の戦いはカプアから送られてきた兵士たちとの小競り合いだったが、反乱軍はやすやすと敵を蹴散らし、武器を奪った。また彼らが農村地帯を通るたびに、自由を取り戻して故郷に帰りたいと願う奴隷たちが次々と仲間に加わり、反乱軍の人数はますます増えていった。すると今度はローマから法務官のクロディウスが率いる三〇〇〇の兵が派遣されてきて、ウェスウィウス山で反乱軍を包囲した。その場所は切り立った崖で、逃げ道が一本しかなく、そこをクロディウスにふさがれたのだ。だがスパルタクスたちは野ブドウのつるで梯子を作って崖を下り、逆にローマ軍を取り囲んで急襲をかけた。ローマ軍は大混乱に陥ってほうほうの体で退散した。

次に送り込まれてきたのは法務官プブリウス・ウァリヌスが率いる討伐軍だった。スパルタクスはまず副官フリウスが率いる二〇〇〇人の部隊を破り、続いてもう一人の副官コッシヌスも破って、ローマ軍に甚大な被害を与えるとともに、多くの装備を手に入れた。その上で総司令官のウァリヌスの軍と対峙し、数度の戦闘を経てこれも打ち破った。勝利するたびにスパルタクスは余分な装備を焼き払い、捕虜を全員殺し、不要な駄獣も処分させたので、足手まといになるものは何もなく、反乱軍の動きが鈍ることはなかったという。

だがこれほど勝利を重ねても、スパルタクスは冷静だった。そこが彼の賢いところである。反乱軍はこの時点で七〇〇〇〇人になっていたが、スパルタクスは自分たちの力を過信せず、このまま戦いを続ければいずれ敗北と死が待っていると知っていた。そして、それを避けられる唯一の可能性はローマの外に出ることだと考え、北上してアルプスを越え、仲間をそれぞれの故郷に——トラキア、ガリア、ゲルマニアなどに——帰すことを目標にしようとした。だが反乱軍のなかには勝利に酔い、略奪に夢中になる者たちもいて意見はまとまらず、結局、副将のクリコスが率いる部隊はスパルタクスについていくことを拒否し、袂を分かった。

一方元老院は、すでに屈辱だの不名誉だのという段階を過ぎ、広がりつつある混乱に恐怖さえ感じはじめていた。そこで執政官のゲッリウスとレントゥルスを二人同時に派遣するという断固たる措置に出た。本来なら大規模な戦争で戦況が危ういときしかとらない措置である。ゲッリウスはスパルタクス軍から離れて略奪に走っていたクリコスの部隊を攻撃し、これを撃滅した。しかしレントゥルスは北上するスパルタクス軍に大軍で挑んだ挙句に負けを喫した。続いて、ガリア・キサルピナの属州総督カッシウスが兵一万を率いて北上する反乱軍を待ち受けたが、これもまた激しい戦闘の末スパルタクス軍に敗れた。

これで元老院はますます怒りを募らせた。当初ローマ人はたかが奴隷集団の反乱だとばかにしていたが、今や戦いは三年目に突入し、被害は甚大だ。元老院は執政官二人に見切りをつけてローマに呼び戻すと、代わってローマ随一の富豪で、指揮官としての評判も高かったクラッススに希望を託し、大軍を与えた。このクラッススは副将にムンミウスを指名し、二個軍団を任せると、まずは距離をとってスパルタクス軍を追い、こちらからは決して戦いを仕掛けるなと命じた。ところがムンミウスは、相手はただの奴隷集団だと思って血気に逸り、結局それまでのローマ軍の轍を踏んで惨めな敗北を喫した。しかも武器を捨てて逃げるという体たらくで、これでは反乱軍に餌を与えるようなものである。そこでクラッススがどうしたかというと、何と古来から伝わる「十分の一刑」を復活させたのだ。まず部隊を呼び戻すと、今回の戦闘で最初に逃げた五〇〇人を卑怯者とし、これを一〇人ずつ五〇のグループに分け、各グループから籤で一人選び、その一人を残りの九人に棍棒でなぐり殺させたのである。軍団兵は震え上がり、敵よりもクラッススのほうがよほど恐ろしいと体で覚えた。

こうして兵の性根をたたき直すと、クラッススは部隊を再び戦場に戻し、今度はいくつかの戦いで勝利して反乱軍を南へと後退させた。このときスパルタクスは兵を増強するためシキリア島に渡ろうとしたが、船の確保に失敗する。クラッススはこれをチャンスと見て反乱軍をイタリア半島のつま先の部分に追い詰め、その背後に塁壁を築いて逃げることも物資の補給もできないようにした。この塁壁は全長三〇〇スタディオン〔およそ五四キロ〕に及ぶ大事業だったが、驚くほど短期間で建設され、また壁に沿って幅と深さが一五プース〔およそ四四〇メートル〕の堀も造られた。

スパルタクスは当初閉じ込められたと気づかず、この壁のことをあまり気にしなかったが、やがて食料が底をつくと強行突破を考えざるをえなくなった。そこで雪嵐の夜を待って土と小枝で堀を埋め、敵の隙をついて反乱軍のおよそ三分の一とともに脱出した。その際、緩衝地帯でローマ軍の捕虜を一人磔にし、負けたら自分たちもこうなるのだと奴隷たちに示して士気を高めなければならなかったという。

その後、クラッススは反乱軍本隊から離れたガリア人部隊とゲルマン人部隊を狙って六〇〇〇の兵を投入し、激戦の末一万二〇〇〇人以上の奴隷を殺した。この戦闘がいかに激しいものであったかは、戦死した奴隷のうち背中に傷を負っていたのがわずか二人だったことからもわかる。それ以外の全員は死ぬまで戦いつづけたのであり、それだけローマへの、いや奴隷所有者たちへの憎悪が深かったということだろう。

とはいえクラッススは完全に勝利したわけではなく、スパルタクス軍もクラッススの別部隊を打ち破っていた。だがこれが反乱軍の最後の勝利となった。一部の奴隷がこの勝利に思い上がって命令に従わなくなり、また長い戦いに疲れはてて勝負を急ごうとする者も出て、皆イタリアから逃れるという夢を捨ててしまった。勝負を急ぐ者たちは本体を離脱して勝手にローマ軍の野営地を攻撃しはじめ、ほかの奴隷たちも浮き足立った。

こうして統制が失われはじめるのと同時に、ローマ軍の応援部隊が北から迫ってきたため、スパルタクスには全兵力を結集して総攻撃をかけるしか道がなくなった。この最後の決戦でスパルタクスは自ら歩兵に交じって戦い、やがて仲間が逃げはじめても一人踏みとどまって奮戦したと伝えられている。だがとうとうスパルタクスが倒れると、反乱軍は総崩れとなった。ローマ軍は大虐殺を繰り広げ、死者があまりにも多くて人数がわからないほどになり、スパルタクスの屍も見つからなかった。その後の数回にわたる掃討作戦でおよそ六〇〇〇人の奴隷が捕虜になり、残りは殺された。捕虜になった者たちも後日磔にされ、その十字架がカプアからローマまでのアッピア街道沿いにずらりと並べられたという。なお、これだけの激戦だったにもかかわらず、クラッススには大々的な凱旋式は認められなかった。しょせんは奴隷集団の鎮圧だというので、功績として高く評価されることはなかったのだ。

スパルタクスの反乱からもうかなりの時が経つが、その後大規模な奴隷の反乱は起きていないのだから、ローマ軍が初期の奴隷反乱に厳しい態度で臨んだことにわれわれは感謝すべきなのかもしれない。ただし小規模な反乱はその後もたまに見られる。その多くはカリスマ性のある人物が奴隷たちを扇動し、事を起こすというものだ。また、家畜を追う奴隷たちが管理人の目を逃れ、近隣の町や農場を襲うこともたまにある。原因が何であれ、暴動があったと聞けばわれわれ奴隷所有者は心穏やかではいられず、自分もいつか襲われるのではないかと思って夜もおちおち寝ていられない。

アウグストゥス帝〔在位前二七〜後一四〕の時代にも一度暴動があった。近衛兵だったこともあるティトゥス・クルティシウスという男が森の牧草地で牛飼いをしていた奴隷たちをそそのかし、自由をつかめと煽った事件である。男は当初ブルンディシウム〔現在のブリンディジ〕とその近隣で密かに集会を開いていたが、やがておおっぴらに文書を配るようになった。しかし幸いなことに、このときたまたまローマ海軍の船が三隻入港し、しかもこの地方の高地牧場を管轄していた財務官〔国庫の管理・犯罪捜査を行う官職〕がこの町にいた。財務官は水兵たちを組織して一味を駆り立て、本格的な反乱になる前に鎮圧した。つまり大事には至らなかったのだが、それにもかかわらず皇帝はわざわざ大軍を送って首謀者の男をローマまで連行させた。それだけ人々が恐怖を感じていたということだろう。このころ奴隷の人口が増えつづけ、その一方で自由人の人口は減りつづけていたので、反乱が起きたら大変なことになると多くの人が神経質になっていたようだ。

また、セプティミウス・セウェルス帝〔在位一九三〜二一一〕の時代には、イタリア半島全体がブッラ・フェリクスという匪賊に怯えていた。ブッラは六〇〇人の手下を集め、皇帝とローマ軍の鼻を明かすかのように、二年ものあいだイタリア各地で急襲と略奪を繰り返した。この男が奴隷だったかどうかはわかっていないが、手下には逃亡奴隷や解放奴隷が多かった。何度も討伐隊が送られたものの、ブッラはいつもいるはずのところにおらず、見つかるはずのところで見つからず、捕まるはずのときに捕まらなかった。頭がいい上に賄賂を気前よく使っていたからだ。またあらゆる情報に通じていて、ローマから出る船や、アジトの一つがあったブルンディシウムに入港する船について、乗客が何人で、どういう人々で、何を携行しているかすべて知っていたといわれている。とはいえ、そうした乗客を狙う場合、手荷物の一部を取り上げるだけでそれ以上のことはしなかった。職人であればしばらく拘束して仕事をさせたが、最後にはその分の報酬を払って解放した。

あるときブッラの手下が二人捕まり、猛獣刑を宣告された。するとブッラは自分の生まれ故郷の属州総督のふりをして牢番に会いに行き、死刑囚にでもやらせるしかないひどい仕事があって、何人か必要なのだがともちかけ、まんまと手下二人を連れ出した。またあるときは、やはり他人のふりをして、ブッラ討伐の指揮をとっていた百人隊長を訪ねた。そして連中のアジトを知っているから案内しますよといって連れ出し、人気のない谷へ案内して手下たちに捕らえさせ、後刻頭を剃らせてからこういった。「お偉いさんたちにこう伝えてくれ。「奴隷をちゃんと食わせろよ。そうすりゃ盗賊にもならない」とな」

実際、ブッラの手下には皇帝の解放奴隷が何人もいた。彼らは皇帝の下でただ働きをさせられたり、あまりにも低い報酬で働かされたために逃げ出して、盗賊団に加わった者たちだった。皇帝でさえ時には奴隷や解放奴隷を酷使していたという証拠である。セプティミウス・セウェルス帝はブッラの話をいろいろ聞いて激怒した。とりわけ癪に障ったのは、はるかかなたのブリタニアでさえ勝利を収めつつあるローマ帝国が、地元の匪賊ごときに手を焼いているという点だった。そこでとうとう優秀な近衛兵の一人を討伐隊の司令官に任じ、多くの騎馬兵をつけてやり、空手で戻れば厳罰に処するといって送り出した。司令官はブッラがある人妻とねんごろになっていることを突き止め、夫を介してその女を説得し、協力すれば罪は問わないと約束した。これがうまくいき、ブッラは洞窟で寝ているところを逮捕された。そして長官のパピニアヌスの前に引き立てられ、「なぜ盗賊になったのか？」と訊かれると、「あんたはなぜ長官になった？」と訊き返したそうだ。その後ブッラは猛獣刑に処せられ、盗賊団はあっという間にばらばらになった。それまで六〇〇人がまとまっていたのは、ひとえにブッラの力によるものだったのだ。

これまでに奴隷が起こした反乱や暴動の例から――幸いなことに少ないが――われ

われが学ぶべきことは、主人の怠慢や傲慢によって奴隷が飢えたり虐待されたりした場合、奴隷の側には暴力的手段に訴える以外に状況を変える方法がないということである。過去の例はいずれもローマ軍が大遠征で勝利し、奴隷がオリーブほど安くなったときに起きたものとわたしは考えているのだが、いかがだろうか。金銭的価値の低い資産の管理に、誰が注意を払うだろう?　だが今はどこでも奴隷が高く、主人も大事な資産だと思っているから、大きな反乱がないのだろう。

しかしながら、奴隷が集団で行動を起こすことと、一人ないし数人の奴隷が自分の主人に反抗することは別である。前者の危険性が低くなったからといって、後者もそうとはかぎらない。ローマ市長官だったペダニウス・セクンドゥスの話をしておこう。ペダニウスは大きな権力をもつ有力者だったが、たった一人の家内奴隷に殺されてしまった。その奴隷がなぜ主人を殺したのかはわかっていない。ペダニウスが解放するといいながら約束を守らなかったのかもしれないし、その奴隷がペダニウスのお気に入りの少年と恋に落ち、自分だけのものにしたいと思ったのかもしれない。いずれにせよ、その奴隷は主人を殺した。このような場合、第六章で述べたように、古来の法に則って家内奴隷全員が処刑される。ペダニウスの家内奴隷も全員死刑を宣告された。そのなかには何かを知っていたか、疑っていた者がいるはずで、だとすれば事前に防げたはずだからだ。

ペダニウスは資産家だったので四〇〇人もの家内奴隷を所有していた。それが長い行列をなして処刑場へ引き立てられていったとき、ローマの民衆が通りに出て処刑をやめさせようとし、ついには元老院議事堂にまで押しかけた。だが元老院は古来の慣例を変えるべきではないと考えた。ペダニウスのような地位にいても簡単に奴隷の手にかかるとしたら、このローマに安心して暮らせる主人など一人もいないことになってしまう。だとすれば、すべての奴隷に主人を守る義務を課し、それができなければ極刑に処するという強い姿勢で臨むしかない。こうした措置で無実の命まで奪われることもたしかにあるだろう。だが、世の戒めとなる重要な先例は何らかの犠牲を伴うものであり、その犠牲は共同体全体への恩恵によって相殺される。

元老院でも反対する声が上がらなかったわけではない。若い奴隷や女奴隷も多かったので慈悲を垂れるべきだという意見もあったが、最終的には分別のほうが勝り、処刑が決まったのだ。だが民衆はそんな分別とは無縁である。彼らは憤慨し、処刑を阻もうとしたので、皇帝は処刑場までの道沿いにずらりと兵を並ばせなければならなかった。なお元老院では、保守派の一人が解放奴隷も対象にするべきだといいだし、同じ屋根の下にいた解放奴隷を全員国外追放にせよと訴えたが、この意見は皇帝によって却下された。皇帝はこれまでどうにか保たれてきた厳しいしきたりを、これ以上厳しくすることに利はないと判断したのである。

主人殺しの例でもう一つ忘れてはならないのは、前法務官のラルキウス・マケドの例である。マケドも奴隷の手にかかって無残な死を遂げた。たしかに傲慢で残忍な主人だったが、それは一つには、自分の父親が奴隷だったことを記憶から消し去りたいと思っていたからかもしれない。マケドは別荘で風呂に入っていたとき、突然奴隷たちに取り囲まれた。一人が喉をつかみ、もう一人が顔を殴り、別の一人が胸や腹を殴り、さらに一人が――信じがたいことに――股間を蹴り上げた。マケドが意識を失うと、奴隷たちは熱い床〔風呂の床下には高温の蒸気が通っている〕に転がして様子を見た。するとぐったりしたまま動かなかったので、死んだと思った。

そこで奴隷たちは主人を運び出し、風呂でのぼせて倒れているのを見つけたふりをした。すると側近の奴隷や夫人たちもマケドが死んだと思って泣いたりわめいたりの大騒ぎになり、その騒ぎで――いや、浴場から出て冷たい空気に当たったからでもあるが――マケドは意識を取り戻した。そして瞬きをし、手足を動かしたので、その場の全員が生きていると気づいた。主人を襲った奴隷たちは慌てて逃げ出したが、ほとんどは捕まった。マケドは数日のあいだかろうじて生き延びたものの、結局助からなかった。彼にとってせめてもの慰めは、奴隷たちが捕まって拷問され、処刑されたことである。

これらの例からわかるように、奴隷を所有しているかぎり、主人はあらゆる種類の危険にさらされていて、奴隷を虐待すればそのリスクは増す。だが寛大に扱っていれば枕を高くして眠れるかというと、そういうわけでもない。奴隷に殺されたのは残虐な主人ばかりではない。むしろ多くの場合主人に落ち度はなく、重罪に簡単に手を染めるような性悪な奴隷の犠牲になったにすぎない。

また、殺人のような暴力的行為には至らなくても、奴隷が主人を陥れる方法はいろいろある。ローマがハンニバルと戦っていたときのこと、ローマの町で同時に複数の火事が発生した。フォルム・ロマヌムやその周辺の店舗、国の牢獄、多くの私人宅などから火が出たのだ。ウェスタ神殿からも火の手が上がったが、たまたま近くにいた一三人の奴隷たちが水を汲んできて火を消したので、からくも惨事を免れた（この奴隷たちは褒美として解放された）。どの火事も激しく、また何カ所も同時に起きたことから、カルタゴ支持者による放火と思われたので、元老院は放火犯の情報を募り、提供者には自由人なら金銭を、奴隷なら自由を与えると発表した。するとマヌスという奴隷が名乗り出て、自分の主人であるカンパニアの貴族の五人兄弟を告発した。兄弟の両親はクイントゥス・フルウィウス〔執政官などを歴任。第二次ポエニ戦争に参加〕によって首をはねられていて、五人は復讐とハンニバル支援のために火をつけて回ったのだった。またマヌスによれば、五人はほかにも多くの放火を計画していたという。

逮捕された五人は犯行を否定し、マヌスはその前日に鞭打たれて逃亡した奴隷で、復讐のために偽証したのだと主張した。だがフォルム・ロマヌムにいた共犯者も捕まり、そろって尋問されると、最後には罪を認めた。五人と共犯者は全員処刑され、マヌスは解放された上に一万セステルティウスを受け取った。これはローマの裏切り者が勇敢な奴隷によって告発されたというめでたい話である。しかし考えようによっては、あなたに不満をもつ奴隷がいれば、いつ何時あなたに不利な情報を暴露するかわからないという一例でもある。それがたわいもない内容なら恥をかくだけですむだろうが、内容によってはその程度ではすまない。

ついでにいっておくが、奴隷があなたに反抗するとしたら、それはまずスパルタクス式にはならない。つまり勇気をもって真正面から刃向かうのではなく、こすっからい手を使うのだ。奴隷が主人からちょっとした勝利をもぎ取る方法なら、日常生活のなかにいくらでもある。あなたが日々、一人ひとりの奴隷について気をつけなければならないのはそうした小さい抵抗である。彼らはどれくらい食べたかで嘘をつく。八セステルティウスの物を買ったときに一〇セステルティウスでしたといって差額をせしめる。少しでも面倒な仕事を与えられると体調不良を訴え、死にかけてでもいるようにうめいてみせる。台所のかまどの熱で顔をほてらせ、汗をかき、それからあなたのところへふらふらとやってきて、高熱で倒れそうなふりをする。

農場の奴隷なら、まいた種の量を実際より多く報告する。倉庫から食料をくすねる。帳簿をごまかして収穫量が思ったより少なかったように見せかけ、その分を地元の市場で売る。あるいはわざとぐずぐずし、一、二時間でできる仕事に一日かける。そしてあなたが文句をいうと、やってみたらとても難しい仕事で、それでもみんな必死で頑張ったんですといい張るだろう。こうした手口を見抜けず、彼らの嘘を信じていたら、すべての仕事に二倍の時間がかかるようになってしまう。それが奴隷たちのやり方だ。彼らはいつもぎりぎりのところを狙ってくる。ちょっとつついてみて、あなたの反応を見る。そしてあなたが気づかなければ少し前に出る。そしてまたつついてみる。これを放っておくと、主人の権威は少しずつ削がれていき、やがてすっかり切り崩され、誰もがあなたを軽んじるようになる。

怠け癖のある都市の家内奴隷なら、こっそり街に出て酒場に入り浸ったり、戦車レースを見たり、博打に手を出したりする。あるいは浴場へ行き、あなたの払いで湯だのサウナだのを楽しみ、よその家の馴染みの奴隷としゃべったり、女奴隷を口説いたりして時間をつぶす。そしてあなたにどこへ行っていたのかと訊かれれば、道が混んでいたとか、長い行列に並ばされたと平気で言いわけする。あるいはただぽかんとあなたの顔を見て、頭が悪いので何をいわれているのかわかりませんというふりをする。

しかし彼らはばかではない。ほとんどの場合、間抜けに見えるのはそういうふりをしているからだ。アイソポスという賢い奴隷の話を読むがいい。この奴隷はいつも主人の裏をかいていた。たとえば主人の質問をこんなふうにはぐらかす。

「おまえはどこで生まれた？」

「母さんの腹のなかです」

「いやそうじゃなくて、生まれた場所はどこなんだね?」

「さあ、寝室だったのか食堂だったのか、母さんからは聞いてません」

《賢い奴隷は権限を共有する》という古いことわざを忘れてはならない。油断していると、あなたではなく奴隷たちがすべてを決めるようになってしまうという意味である。

彼らは少しでも危険な仕事が回ってくると、腰抜けのふりをして逃れようとする。あるいはあなたの優しさにつけ入ろうとし、始終泣きながらやってきて、これは免除してください、あれは勘弁してくださいと泣きつく。もちろん主人としては心を鬼にするべきだが、日ごろいい仕事をしている家内奴隷となると時には譲歩せざるをえなくなる。一方、ばかなことをしかねない家内奴隷には譲歩の余地はない。十分目を光らせておかないと、連中はあなたのスープに唾を吐いたり、あなたの本を隠して困らせたりする。一度など、つまずいたふりをしてわたしの頭の上からガルム(魚醤)をかけようとした奴隷もいた(そんな古い手に騙されたりはしなかったが)。あなたへの嫌がらせのために逃げる奴隷もいるだろう。逃亡はあなたから資産を奪うことになるし、連れ戻すのにも大変な時間と労力がかかるからだ。しかも、苦労して連れ戻してみたところで、反抗しつづける厄介者を背負い込んだことに変わりはない。

要するに、奴隷というのはずうずうしく、噂好きで、怠け者で、嘘つきで、手癖が悪く、破廉恥なものだと思っていれば間違いない。誰もが望むような忠実で、働き者で、まめで、倹約家の奴隷は少ないし、主人を畏怖し、ひたむきに従う奴隷はさらに少ない。大半はその逆で、仕事嫌いで抜け目がなく、主人の監視の目をすり抜けることしか考えていない。彼らはあなたが寝ている夜中に飲み食いし、男女で交わる。そしてある日、女奴隷たちが大勢妊娠していることに気づいて、あなたは仰天する。

彼らは絶えずあなたの噂話をする。そして厳しい扱いを受ければ、他の家の奴隷たちにあなたの悪口をいいふらす。あなたの態度を変えさせるには、あなたの極上のワインを盗むより、あなたの秘密をばらすほうが得だと知っている。奴隷を虐待していると噂を流せば、やがて宴席でその話題が出て、あなたが困った立場に陥ると知っている。誰でも友人や知人から無慈悲な主人だとは思われたくない。彼らはそこを突いてくるのだ。

このように家内奴隷の扱いには配慮と工夫が必要で、特にあなたが公職に立候補したいと考えているなら十分注意しなければならない。候補者の足を引っ張る醜聞は、往々にしてファミリア内が出所であることが多い。たとえ大スキャンダルのネタがなくても、あなたを困らせる方法はいろいろあるわけで、たとえばあなたが少しでも食料管理にうるさければ、とんでもない守銭奴だという噂が流れるだろう。わたしも立候補する前に、まずは人の名前をしっかり覚えろとアドバイスされたが、それは奴隷も含めてのことだった。名前を覚えてやれば奴隷は喜び、主人の味方になる。

奴隷は主人に不満があっても面と向かっていうことはない。そんな勇気はないので、どうしても何かいいたいときは寓話を使う。そもそも寓話は奴隷が感情や考えを表現するために作られたものである。罰を受けずに意見をいう方法がほかにないからだ。たとえば、主人が物事を急ぎすぎていると思ったら、奴隷はウサギとカメの話をするだろう。主人の側からいえばうっとうしいことこの上ない。

なお、いわゆるゴシップは腹が立つだけのことだが、陰謀となると深刻である。奴隷たちが声を潜めて密談するようなことを許してはならない。そうした傾向が見られるようなら、勝手な造語の使用を禁じることだ。彼らは主人に知られたくない話をするために、自分たちにしか通じない言葉を造る。だが内輪の言語を使ってまで相談するとなれば、その目的は反乱かもしれない。

とはいえ、奴隷同士のひそひそ話には無害なものもある。主人をからかう笑い話もそうだ。想像の世界で彼らはあなたの裏をかき、あなたに間抜け役を演じさせる。そうすることで気分がすっきりし、奴隷という低い身分も、自分の無力さも、それほどひどいものではないと思えるのかもしれない。あるいは笑い話が教訓になることもある。最近わたしが耳にしたのは人間に捕まって飼われていたカラスの話だ。そのカラスは隙を見て巣に逃げ帰ったが、足についていた紐が木の枝にからんで飛べなくなり、飢え死にするしかなくなった。「何てこった！　自由になれたと思ったのに、命を失うことになるなんて」。これは奴隷たちにとっては、「新しい主人に仕えてみて初めて、元の主人が恋しくなる」という意味になる。まさにその通りである。

不満をもつ奴隷による悪質な行為としては、もう一つ黒魔術も挙げられる。わたしは魔術の力など信じていないが、奴隷たちは信じているし、主人に呪いがかけられたという噂が出るだけでもファミリア内に不安が広がりかねない。だが困ったことに、この種の行為は発覚しにくい。なぜなら奴隷が主人を呪う場合、鉛版に呪文を書いて、それを街はずれの墓地に置いてくるだけだからだ。墓地に置くのは、主人が死者たちの仲間入りをするようにという意味である。

呪いという密かで不気味な抵抗は日常的に行われている。こちらは適正かつ公正に扱おうと努めているのに、その相手が自分に呪いをかけているというのは、何とも気分の悪いものだ。だが実際は無害なのだから、案じることはない。そういう手段をとるのはその奴隷があなたを恐れている証拠でもある。不安に思うのではなく、むしろあなたの権威の承認、あなたの奴隷管理手腕に対する称賛だと思うくらいでなければならない。

解説

この章でマルクスは奴隷所有者につきまとう不安や恐怖について語っています。紀元前七三年から七一年にかけて起きたスパルタクスの反乱は、スタンリー・キューブリックが監督し、カーク・ダグラスが主演した一九六〇年の映画によって有名になりました。しかし、自由のために戦う英雄であり、奴隷たちを奮起させた指導者であり、その誰もが「わたしがスパルタクスだ!」と名乗り出て身代わりになろうとしたほど慕われたというイメージは、ある意味では古代ローマの主人と奴隷の関係を誤解させるものといえるでしょう。古代ローマ時代のイタリアは史上最大の奴隷所有社会の一つでしたから、当然のことながら奴隷による抵抗も見られました。当時のことわざにも《奴隷の数だけ敵がいる》(quot servi tot hostes) というのがあります。しかしながら、それがいつもスパルタクスの反乱のように大規模かつ緊張に満ちたものだったわけではありません。実際には奴隷による反乱はまれでしたし、スパルタクスの反乱を例外として、たやすく鎮圧されました。

帝政期に入ると奴隷制は円滑に運用されるようになり、大規模な抵抗や深刻な問題が起きることはなくなりました。奴隷の抵抗も、嘘、ごまかし、仮病、怠慢といった日常のちょっとしたものの蓄積でしかなくなりました。そうした小さい抵抗はさまざまな形をとり、そのすべてが積極的な反抗だったわけではなく、言い逃れや、ばかを装うといった消極的なものも含まれていました。ですから、古代ローマ社会は奴隷所有者と奴隷のあいだの階級闘争に満ちていたと考えるのは間違いです。社会制度上の関係を安易に脚色しないよう、慎重でなければなりません。

ブッラ・フェリクスのような義賊は、今日の読者にとってはロビン・フッドのイメージと重なるかもしれません。世の不正を暴き、平等主義の共同体を作り、体制の腐敗に抵抗する「社会派盗賊」です。しかしどちらも元は支配階級のために書かれたテクストで、人物像も文学上目新しくはなく、平等主義を訴えるというよりは、単に一部の上層部の堕落の実態を強調するためのものでした。とはいえ、義賊の話が不正、貧困、腐敗といった大衆受けする主題を取り上げているのも確かなことで、統治の質が落ちてきたときに、統治者に警告を発する役にも立っていました。

日常レベルの奴隷の抵抗のなかには、一種の主人との駆け引きと考えられるものもありました。罰せられるかどうかのぎりぎりのところを探ることで、奴隷たちは少しずつ主人の力を削ぐことができます。また腰抜けのふりをすることで、時には危険な仕事を免れることもできたでしょう。主人が優しければ、その優しさにつけ込むのも有効な手段でした。セネカは奴隷を抱えることの面倒の一つとして、「何かといえば涙にむせぶ者たちに頼らなければならないこと」を挙げています（『心の平静について』第八章第八節）。その涙は苦悩の表れであることもあれば、仕事や罰を逃れるための嘘泣きにすぎないこともありました。いずれにしても涙は効果的で、なぜかというと、奴隷所有者は奴隷の人間性を否定し、動物に毛が生えた程度の存在だと考えがちだったからです。奴隷たちは泣き崩れることによって、自分たちも人間であり、主人の扱いは間違っていると主張しようとしたのです。ただしこのような戦略は、主人とじかに接する機会の多い一部の家内奴隷だけがとりうるものだったでしょう。

奴隷たちが主人のふるまいを変えさせたいと思うとき、ゴシップをばらまくのも一つの手でした。主人がこんなことをしていると人々に知らせることで、コミュニティ内の主人の評判を落とすのが狙いです。キケロが選挙に打って出る際に得た助言も、ゴシップは家のなかから出るものだから、準備期間中は奴隷の扱いにも十分気を配らなければいけないというものでした。また『イソップ物語』に出てくるような詭弁やペテンの話は、ほんの一時、それも想像の世界のこととはいえ、弱い者が勝つ痛快さを奴隷たちに味わわせてくれました。物語に登場するペテン師は主人をぎゃふんといわせる名人でもあり、主人が支配する世界をひっくり返してみせるのです。そのような象徴的な社会の水平化は、富裕層への精神的復讐の場を提供するものでしたから、奴隷たちを元気づける力をもっていました。なお、この種のちょっとした受動的反抗が現実的な効果をもちえたのかどうかについては、残念ながら何ともいえません。

紀元前一三五年から一三二年にかけてシチリア島で起きた第一次奴隷戦争についてはシチリアのディオドロスの『歴史叢書』第三四巻第二章に記述があります。スパルタクスの反乱についてはプルタルコスの『英雄伝』の「クラッスス伝」とアッピアノスの『内乱記』第一巻第一四章に書かれています。また、ハンニバル支持者によるローマの放火の件はリウィウスの『ローマ建国史』第二六巻第二七章に、ラルキウス・マケドが奴隷に殺された話は小プリニウスの『書簡集』第三巻第一四書簡に、ブッラ・フェリクスの話はカッシウス・ディオの『ローマ史』第七七巻第一〇章に載っています。

第Ⅸ章

奴隷の解放

多くの奴隷は解放を待ち焦がれている。彼らには社会的価値などないが、それでも奴隷として扱われることを屈辱と感じているし、一般的にいって道徳的価値もないが、それでも自由を得る資格があると信じている。法的見地から奴隷であることに疑問の余地がない場合でさえ、自分が奴隷なのは不当だと思っている。

しかし、奴隷がいつか解放されるかもしれないと思っていることは、実は主人にとっても幸いなことだ。馬にとってのニンジンと同じで、奴隷はそれを目指して懸命に働く。また処罰のための鞭ともなり、奴隷が期待を裏切ったら解放の可能性を棚上げすればいい。人は希望があればどんな苦しみにも耐えられるが、絶望すれば自暴自棄になり、何をしでかすかわからない。

とはいえ、すべての奴隷が解放を望んでいるわけではない。なかにはファミリアの一員であることに満足し、主人との親しい関係を楽しんでいて、あえて自由人になって苦労や責任を背負い込むことはないと思っている奴隷もいる。ガイウス・メリッススの例もそうだ。メリッススはスポレトの自由身分の生まれだが、両親の不和により赤ん坊のときに捨てられ、地元の男に奴隷として育てられた。だがこの男はメリッススに高度な教育を受けさせ、長じると文法家としてアウグストゥス帝〔在位前二七～後一四〕の腹心の部下だったマエケナスに贈った。マエケナスはメリッススの知性を高く評価して対等に扱い、二人のあいだには友情さえ生まれた。そこへある日母親が現れて、息子は自由身分だと主張した。おそらく息子が有力者の下にいると知って金をせびりに来たのだろう。しかしメリッススはマエケナスの友人のままでいたいと願い、奴隷に留まることを選んだ。マエケナスはその気持ちに打たれてすぐにメリッススを解放し、その後メリッススはアウグストゥス帝とも親しくなり、オクタウィアの柱廊〔アウグストゥス帝が妹オクタウィアにささげた列柱のある建物〕に図書館を建設する役を任せられるまでになった。

奴隷を解放する方法だが、大別すると、遺言による解放（もっとも一般的）と、主人が生きているうちの解放がある、後者は奴隷とのあいだに築かれた信頼関係などの情緒的結びつきによる解放といっていいだろう。それ以外に奴隷が自ら自由を買い取る方法もあるが、これについてはあとで述べる。遺言による解放は遺言を書くだけのことだが、生きているうちの解放はやり方もいろいろだ。公式には「棍棒による解放」と呼ばれる手続きを踏まなければいけない。奴隷を連れて政務官のところに行き、主人の手による最後の懲らしめとして奴隷をひと打ちし、解放の意思を政務官に承認してもらう。この種の手続きが苦手なら非公式の方法もあり、古式に則って奴隷の手をとり、「わたしはこの男を自由にする」といって解き放てばいい。奴隷を解放することを manumittere

（手から放つ）というのはそれが由来である。

わたしは解放の意思を手紙にしたためて渡したり、宴席に呼んで一緒に食事をし、友人たちを証人として解放を宣言するといった方法をとっている。家のなかで、気取らない方法で解放してやりたいと思うからだ。解放に値する優れた奴隷たちはすでに家族も同然になっているのだから、ファミリアに囲まれた場で解放するのがいい。それも、できれば直前まで秘密にしておいて、びっくりさせたい。驚きと喜びと感謝が入り混じった顔を見るのはこちらにとってもうれしいものだ。ただしそれはあくまでも非公式で法的には認められないので、正式に市民権を与えるには政務官による承認が必要となる。だがまあ、それは後日、また時間をとって手続きをしに行けばいい。

ただし、奴隷の解放はただではない。奴隷の価値の五パーセントを税として納めなければならないのだ。つまり多くの奴隷が解放されればそれだけ国の税収も増える仕組みになっている。またアウグストゥス帝が定めた法により、解放できる人数に制限があることも忘れてはならない。アウグストゥス帝は大量の奴隷が解放されることによって異邦人や意志の弱い者がローマ市民に加わり、国の人的土台が揺らぐことを案じた。そこで、一人の主人が遺言で解放できる奴隷の人数を制限した。具体的には所有する奴隷の何割という形の制限で、何段階かある。所有する奴隷が二人から一〇人なら——大半の奴隷所有者はここに該当する——半分まで、一一人から三〇人なら三分の一まで、三一人から一〇〇人なら四分の一まで、もっと多くて一〇一人から五〇〇人なら五分の一が限度となる。アウグストゥス帝はほかにもさまざまな規定を設け、好ましくない奴隷が市民権を得るのを阻止しようとした。たとえば、拷問にかけられたり烙印を押されたりしたことがある奴隷は、いかなる形式で解放されようともローマ市民権を得ることはできない。

遺言ではなく生きているあいだに解放する場合、そのタイミングはどう考えればいいだろうか。わたしは基本的に、長年の忠実な働きへの報酬として自由を与えるという考え方で決めている。知人の多くもそうしているようだ。以前ティロというとても賢い秘書を解放したが、それは彼がいつも信頼に応え、勤勉で、人品卑しからず、このまま奴隷でいるような男ではないと思ったからである。こちらも奴隷より友人として接したかったし、わたしの家族も皆同じ気持ちだった。妻などは、わたしが解放するつもりだというと飛び上がって喜んだ。それで思い出したが、そういえばこのところティロからの便りがない。病気だと聞き、何度も手紙を出したのに返事がない。まったく、解放奴隷ときたら。鞭で打ってやらなければ!

では、長年の忠実な働きの〝長年〟とはどれくらいだろう? 報酬として自由を与えるのにふさわしい年月をどう考えたらいいだろうか? あまり長いのは問題で、上限を設けるべきだという意見もある。たとえば二〇年あるいは三〇年働けというのは酷だろう。わたしはおおよそ三〇歳で解放するというのを目安にしている。三〇歳なら社会に出て身を立てる時間が十分残されているし、解放後も忠実な解放奴隷としてあなたに質の高い労働を提供してくれるだろう。いや、もっと短く、五、六年働かせれば十分だという意見もある。ローマ兵が敵の手に落ちて国が身代金を払った場合、その兵は公有奴隷として五年間働くことになっているので、それが基準だという考え方である。共和政時代の雄弁家のキケロも、六年間というユリウス・カエサルの独裁の期間が、戦争捕虜の一般的な隷属期間に相当するという趣旨のことを述べている。

女奴隷の場合は、主人が愛情を抱き、正式に妻として迎えるために解放することもよくある。これには批判もあるが、主人が独身で、魅力的な若い女奴隷が主人を喜ばせようと懸命に尽くしたとすれば、二人が親密な関係になるのは自然なことだろう。ただしその際には、解放の条件として結婚を明記するのを忘れないことだ。愚かな老人が若い女奴隷に惚れ込み、結婚を期待して解放したら、若い男と逃げてしまったという話を何度も聞いたことがある。また、話は違うが、奴隷同士で親密な仲になっていた二人のうち片方が解放された場合に、その解放奴隷が金を出してもう一人の自由を買い取ろうとする例もよくある。それはつまり、ようやく解放された忠実な奴隷が、今度は幸せな結婚を望んでいるということで、その願いを拒むのはあまりにも心苦しい。わたしも一度そういう経験をしている。ある日、すでに解放されていた元女奴隷が訪ねてきて、愛人関係にあった男奴隷をわたしから買い取りたいといったのだ。その女は長年よく仕えてくれたし、わたしの息子を三人も産んでくれたので、それを思うと断ることなどできなかった。

わたしの場合、女奴隷の解放については、出産適齢期を過ぎるか、何人か子供を産むまでは考えないことにしている。家内出生奴隷を増やしておくことは重要なので、女奴隷をあまり若いうちに解放することは、主人の立場ではできかねるのだ。

時に柔軟な対応が求められることもある。たとえば奴隷が死の床についた場合だ。最近のことだが、ファミリア内で病が流行り、とうとう二人の若い奴隷が命を落とす事態となって、わたしも本当に胸を痛めた。だが日ごろから準備だけはしてあったので、二人が息を引き取る前に解放してやることができた。二人は自由人として死んでいったわけで、親しくしていた者たちもそこにせめてもの慰めを見出したようだ。ただしこのような場合も、回復した場合の条件を添えておくのが通例である。なぜなら仮病を使って自由を獲得し、奇跡的に回復したふりをして大手を振って出ていく奴隷がいるからだ。

ついでながら、わたしはたいていの場合、ファミリア内の奴隷が遺言を書くことを許している。彼らが所持金や所持品を自分の望む相手に遺贈できるようにするためだ。奴隷の遺言に法的価値はないが、遺贈の相手がファミリア内の者であるかぎり、わたしは本物の遺言と同じように扱ってやっている。まあ、よく考えてみれば結局すべてわたしの金なのだが。

参考までに書いておくと、国に属する公有奴隷も解放されることがある。たとえば奴隷が自分の金で交代要員を用意できた場合だが、そこで問題が生じたこともある。たしか地元の評議会に属する奴隷だったと思うが、交代要員の奴隷を差し出して解放されたものの、その後交代要員が逃げてしまった。すると評議会が解放された男を奴隷に戻そうとしたので、男は皇帝に手紙を書いて訴えた。このとき皇帝は、男の解放は取り消されないとの見解を示した。解放そのものは法定通りに行われたのだから、代わりの奴隷が逃げたからといって奴隷に戻らなければならない義務はないからである。

ごくまれに、国が軍役につけるために奴隷を解放することがある。しかしそこまでして兵を集めるのは相当切迫した状況のときだ。たとえばハンニバルとの戦いでローマ軍がカンナエで大敗を喫したあとや、アウグストゥス帝の時代にウァルスがトイトブルクの森で三軍団を失ったあとなどにそういうことがあった。

ここまで述べてきたように、奴隷の解放は忠実な労働への報酬として行うべきだとわたしは考えている。だが残念ながら、主人の気まぐれや好ましからざる意図によって解放される奴隷も少なくない。たとえば、主人が奴隷に犯罪を――場合によっては殺人さえ――手伝わせ、その見返りとして解放することがある。あるいは、ローマ市民として国から穀物の無償配給と補助金を受け取らせるために解放することもあり、そうすれば主人は出費を減らせる。もっとばかげた理由で解放される例もある。聞いた話だが、自分の葬儀を盛大なものにしたいばかりに、遺言で可能なかぎり多くの奴隷を解放する主人がいるというのだ。解放の印であるフェルト帽をかぶった解放奴隷たちに長い葬列を作らせたいのだろうが、そんなことのために本来なら解放に値しない奴隷まで解放されてしまうとは、何とも嘆かわしい。まともなローマ市民なら、そんな葬列を見て感銘を受けたりはしない。これでまた人間のくずのような連中が市民に加わったと思ってぞっとするだけだ。

ついでにいっておくと、何らかの理由で奴隷に見切りをつけた場合、解放ではなく単にお払い箱にする方法があるかというと、それはないと思ったほうがいい。かつてクラウディウス帝〔在位四一～五四〕の時代には、一部の奴隷所有者が病人や老人となった奴隷をティベリス川の中州に捨てていた（この島の寺院には医術・健康の神であるアスクラピウスが祭られている）。クラウディウス帝はこの慣習をやめさせるため、この島に捨てられた奴隷は全員解放され、たとえ健康を回復しても元の主人のもとに戻らなくてよいとすると告示を出した。主人が奴隷に対する義務を放棄するなら、奴隷も主人に対する義務から解放されるべきだからだ。では島に捨てないで殺してしまえ、と考える不届き者がいるかもしれないが、これに対してもクラウディウス帝は釘を刺し、奴隷を捨てる代わりに殺すことを選んだ主人は殺人罪に問われると法で定めた。

さて、最初に書いたように、解放には奴隷が自ら自由を買い取るという方法もある。これは主人の側から見れば奴隷に自由を売ることになり、一見不都合な話に思えるが、実は主人にとっても有益な仕組みである。奴隷解放というとすぐに〝奴隷を失う〟と思って否定的なイメージを抱きがちだが、そんなことはない。奴隷を集合体として考えるなら、あなたのファミリアを構成する奴隷は常に変化していく生物のようなものである。古い血が新しい血に入れ替えられてこそ、奴隷たちは生き生きとした集合体でありつづけられる。だとすれば、奴隷に自由を売り、その対価で新しい奴隷を買えるのなら、それにこしたことはない。

こうした仕組みがあることによって、奴隷は希望を抱くことができるし、主人は奴隷のその希望をいい意味で利用することができる。奴隷がいい仕事をすれば、褒美として金品を与えるのが慣習になっているが（法律上は主人の所持金、所持品のままだとしても）、これは一種の投資でもある。奴隷がその金を貯めて、ある金額に達したらそれで自由を買い戻すからだ。主人にとっては奴隷に与えてきた金が戻ってくることになり、しかも奴隷は自由のためなら気前よく払うので、悪い投資ではない。

ただしこの仕組みにはちょっとした落とし穴もあるので注意してほしい。奴隷は解放を切望するあまり、どんな無理でもする。都市の邸宅でも農場でも、奴隷にちょっとした金を渡して自分で食べ物を買わせることがあるが、そういうとき、彼らは食べ物を買わずに金を貯めようとするのだ。だから注意していないと、いつの間にか奴隷たちが骸骨集団になっていたということもありえる。

解放に関する主人と奴隷のあいだの取り決めは法的拘束力をもつ。したがって、奴隷が金を払って自由を買ったのに、主人が取り決め通りに解放しなければ、奴隷は都市長官に不服を申し立てることができる。だがそこで奴隷が申し立ての内容を立証できなければ、いたずらに人を騒がせ、主人の顔に泥を塗った罪により鉱山送りになる。あるいは、主人が望むなら、奴隷を取り戻して自分で罰することもできるが、その際の罰は鉱山労働より苛酷なものであってはならない。

取り決めがこのように法的拘束力をもつ以上、正式な文書にしておくことが何よりも肝心である。わたしも必ず契約書を作成し、神殿に預けて保管してもらっている。

さて、奴隷の解放といっても、文字通りその場で自由になるわけではない。わたしは正式に解放する前にいくつかの条件を出すことにしている。まず、解放後も一定期間の労働を義務づけるのが通例で、普通は数年である。その期間、奴隷は名目上解放されて寺院が祭る神の所有となるが、実質的には奴隷に留まる。奴隷にはそのあいだもよい働きをし、主人の命に従うと約束させる。これまで通り主人が与える罰を受けることも承諾させる。女奴隷に対しては、子供の一人を代わりに置いていくことを条件にする場合もある。彼女たちは何しろ自分が自由になれるのだし、子供も将来買い戻せる可能性があるので、この条件もたいていは喜んで受け入れる。子供のほうも家に馴染んでいるので、一人残されても問題はない。また、わたしにとって極めて重要な仕事をしていて、その奴隷がいなければ困るという場合には、〝一定期間〟をわたしの生存中とすることもある。

遺言による解放にも条件をつけることができる。わたしの例でいえば、解放後も未亡人となるわたしの妻に特定の労働を提供すること。あるいは、わたしの跡を継ぐ息子に、三年から五年の分割払いの形で金を支払うこと。こうしておけば、わたしが死んだあとも息子は数年間その奴隷の支払いと労働提供の両方を頼みにすることができる。遺言には息子への頼みごともいくつかしたためてあるが、そのなかには長年わたしに仕えてきた二人の奴隷の面倒を見ることも入れてある。これはわたしのわがままであり、息子にとっては面倒だろうが、そうでもしないと安心して旅立てないのだから仕方がない。

契約書は瑕疵がないように、念を入れて確認することだ。すでに故人となったある友人は、病に倒れてから慌てて遺言を書いたので、お気に入りの奴隷の名前を書き間違えてしまった。「クラティストゥス」を解放したかったのに「クラティヌス」と書いてしまったのだ。この件は法廷に持ち込まれ、幸いなことにクラティストゥスの解放が認められた。可能なかぎり自由を優先するという原則に基づいた判決だった。

奴隷は解放されたあとも、主人であるあなたと緊密な関係に置かれることになる。これまで主人だったあなたは、今度はパトロヌス（保護者）となり、解放奴隷とのあいだに庇護関係を築く。これまで絶対の服従を示してきた奴隷の側も、今後はあなたのクリエンテス（被護者）として、息子が父にそうするように敬意と服従を示さなければならない。解放奴隷にとってのパトロヌスは、まさに息子にとっての父親のようなものである。その意味で、解放奴隷はたとえ家を出たとしても、ファミリアの一員でありつづける。

わたしは解放奴隷たちに、正式に解放されても年に一定の日数だけわたしのために無償で働くという誓いを立てさせている。そうしておけば何か助けが必要なときに来てくれるし、ちょっとした仕事を頼める。頼む仕事はそれぞれが得意とするもの、たとえば彼らが解放後に職業としているものがいいだろう。たとえば塗装工なら部屋の塗装、理髪師なら理髪というように。子供の奴隷が親に買い取られた場合も、そうした仕事を頼んでかまわない。子供の仕事もいろいろあるので、たまに手伝ってくれるととても助かる。たとえば客が到着したときに名前を呼ぶとか、ちょっとした芸を披露して客を喜ばせるといった仕事だ。とはいえ、解放奴隷に頼りすぎてはいけない。彼らにできないことまで頼んではいけないし、彼らが生計を立てる妨げとなるほど多くの仕事を頼んではいけない。そんなことをすれば相手はあなたを訴え、あなたが負ける。わたしが何人もの解放奴隷がとりわけ役に立つのは事業の代理人としてである。

奴隷を銀行業や金貸し、あるいは貿易などの世界に送り込んでいるのはそのためだ。これらは儲かることがわかっていても、社会的地位の高い人間が直接手を出すのははばかられる事業であり、それを彼らに任せるのである。

これらの見返りとして、主人は解放奴隷を支援するのだが、それには商売を始めさせるとか、知り合いを紹介する、何らかの機会を作ってやるといった経済面の支援も含まれる。推薦状を書いてくれと頼まれることも多く、推薦に値する解放奴隷なら喜んで書いてやっている。また、わたしのファミリアに属するということは、年をとってもわたしの庇護下にあるということで、死亡すればファルクス家の墓に入ることを許される。ただし、この名誉にふさわしくない者はこちらの判断で排除できることになっている。墓の鍵は彼らの家族も開けられるようにしてあるので、いつでも墓参りができる。

世の主人のなかには自分の奴隷に愛着を覚え、驚くほど手厚い保護を与える人もいる。わたしが知っているある女奴隷などは、何と年金としてブドウ畑を与えられた。彼女は長く主人一家の乳母をしていて、主人の子供たちの母親代わりだった。主人が亡くなって息子が家を継いだとき、彼女はもう老いて足腰立たなくなっていたが、その息子が一〇万セステルティウスの価値がある畑を贈ってくれたのだ。いっておくが、このような例はめったにない。

個々の例外はあるとしても、全体的に見れば、解放奴隷はあなたに恩を感じている愉快な連中ということになるだろう。わたしが解放した奴隷のなかにはすでにこの世を去った者もいるが、彼らの墓碑銘にはたいていわたしの名が出てくる。最近死んだ解放奴隷はこんな言葉を残してくれた。《心から敬愛するわがパトロヌス、マルクス・シドニウス・ファルクスへ。数々の思いやりに感謝する》。胸に沁みる優しい言葉だ。解放奴隷がパトロヌスに恩を感じるのは決して意外なことではない。われわれは野蛮な地域から無価値の奴隷として連れてこられた彼らを買ったのだし、家内出生奴隷なら費用を出して育てたのだ。また十分働いてくれたあとは、史上類を見ない大国ローマの一員として身を立てる機会を与えてやった。市民権を得た彼らとその子孫は、地上でもっとも輝かしく、もっとも洗練された民であるローマ市民の一員として、堂々と胸を張って生きていけるのである。

解放奴隷にとってはパトロヌスだけでなくファミリアも貴重な存在である。それは彼らの家であり、家族同然の仲間であり、彼らの生活の基盤となるものだ。わたしの奴隷の多くはファミリアのなかに親友をもち、その友情は解放されても続く。ある二人などは最初に奴隷商人のところで競り台に立ったときから一緒で、ともにわたしのところに来て、ともにラテン語を学び、解放されると一緒に商売を始めた。片方が死んだとき、もう片方は「最愛の友」のために大枚をはたいて立派な墓を建てた。

墓や墓碑銘の話が出たが、農場の奴隷の場合は事情が異なり、墓を建てられるのは管理人くらいのものだ。しかしほとんどの管理人は金があっても墓を建てない。周囲に字を読める人間がいないからである。誰も読まない墓碑銘では意味がない。そんなわけで、わたしの農場管理人のなかでももっとも忠実で有能だった男には、わたしが墓を建ててやった。一般的にいって、農場の奴隷たちには自分が死んだときのことを考える時間的余裕も金銭的余裕もない。

奴隷として生きるのは苛酷な運命である。だがローマでは、奴隷に身を落としたからといってそれですべてが終わるわけではない。だからわたしも、運命を試練ととらえるように奴隷たちにいっている。試練を乗り越え、自分は誠実で、忠実で、信頼に足る人間だと示すことができれば、そのときは真のローマ人になる道が開けるのだと。

解説

ローマの多くの奴隷が、奴隷状態は一時的なものだと考えていました。懸命に、誠実に仕事に取り組み、主人によく仕えれば、いずれは解放されると期待することができました。ただし、その期待が現実になったのが奴隷の何割だったのかはわかりませんし、解放されるまでに何年ぐらいかかったのかも正確にはわかっていません。家内奴隷のほうが解放される確率が高かったということはできるでしょう。主人とのあいだに個人的な関係を築くチャンスがあったからです。とはいえ全員がそうだったわけではありませんし、ファミリアの規模が大きければ、大半の奴隷にとっては主人は遠い存在のままだったでしょう。

基本的に、奴隷の解放は都市部で見られる現象だったと考えられます。農村地帯の領地の場合、管理人が解放された事例はありますが、一般の農夫たちの大半は解放されることなく死ぬまで働いたと思われます。主人が農村の奴隷と顔を合わせる機会はめったにありませんでしたし、農夫を解放しても解放奴隷として期待できる役務がほとんどありません。また解放する際には代わりの労働力が必要になりますから、あえて解放しようとは思わなかったでしょう。農場の奴隷が期待できるのは、年をとったら少しは楽な仕事に回してもらうことくらいだったと思われます。もっとも、そのような年齢まで生きた農場奴隷はあまり多くはありませんでした。

では家内奴隷の場合、何年働けば解放されたのでしょう？　これには大きなばらつきがあったようです。そもそも資料が少ないのですが、それを見ると五、六年から二〇年近くまで幅があります。

面白いことに、この問題も当時の占いの手引書の『アストラムプシュクスのお告げ』に取り上げられていて、少しはヒントになりそうです。奴隷が発した「わたしは解放されるでしょうか？」という問いに対し、一〇の答えが用意されていますが、それを見るかぎり、ほとんどの奴隷にとって解放は〝常に先送りされるもの〟だったようです。答えの内訳は、「まだ」が五つ、「もう少ししたら」が二つ、「金を払ったら」が一つ、ずばり「解放されない」が一つで（しかも「口を閉じよ」とあります）、楽観的な答えは「かなりの遺産贈与とともに解放される」が一つだけでした。「金を払ったら」は時期がはっきりしませんが、解放にはかなりの金額を貯めなければならなかったのですから、「だいぶ先」と同じようなものでしょう。それでも未来に望みをかけ、「いつかは、いつかは」と願いつづける、それが大半の奴隷の人生でした。

一方、主人の立場からすれば、奴隷に解放という希望をもたせて仕事に精を出させつつも、なるべく解放を遅らせて投資収益の最大化を図るというのが理にかなったことでした。

デルフォイのアポロン神殿の壁に残された奴隷解放の碑文からは、ようやく自由に手が届いたと思っても、多くの場合、本当に自由になれるのはさらに数年先だったことがわかります。そしてそのあいだ、引き続きしっかり働くことが解放の条件とされていました。また、解放奴隷となってからも元主人に対してさまざまな義務を果たすことになっていて、どうやら奴隷と解放奴隷の線引きはわたしたちが思うほど明確なものではなかったようです。とはいえ、多くの奴隷が自由を切望し、そのためにはどんな苦労もいとわなかったことには疑問の余地がありません。

古代ローマの奴隷制度は、大勢の人間を外部からローマ社会に取り込むための一つの仕組みでした。ただしローマ人たちはただやみくもに取り込んだのではなく、ある種の品質管理を試み、好ましくない人々がローマ市民になるのを防ごうとしました。たとえば、紀元後四年に交付されたアエリウス＝センティウス法は、罰として足枷をつけられたことがある奴隷、烙印を押された奴隷、自分が犯した罪について拷問による尋問を受けたことがある奴隷、剣闘士として戦う刑ないし猛獣と戦う刑を宣告されたことがある奴隷は、解放されてもローマ市民にはなれず、降伏外人（peregrini dediticii）〔被解放自由人の一種で、自由人ではあるがローマ市民権は得られない）に留まると定めています。また紀元前二年のフフィア＝カニニア法は主人が解放できる奴隷の人数を制限し、その限度を総人数に対する割合で定めました（以上、ガイウスの『法学提要』第一巻第一節および第八－五五節とスエトニウス『ローマ皇帝伝』の「アウグストゥス」第四〇章を参照）。

ユリウス・カエサルの独裁の期間を六年とし（紀元前四九年の内戦突入時から数える）、それが戦争捕虜の一般的な隷属期間に相当するとしたキケロの記述は、『ピリッピカ（アントニウス弾劾）』第八演説第一一章（第三二節）にあります。アウグストゥスが課したもっとも厳しい罰の一つは、「三〇年間は解放させない」という条件で奴隷として売ることでした（スエトニウス『ローマ皇帝伝』の「アウグストゥス」第二一章を参照）。

解放奴隷のパトロヌスに対する義務労働については『ローマ法大全』の「学説彙纂」第三八巻第一章に記述があります。奴隷所有者が病気で衰弱した奴隷をティベリス川の中州に捨てるのをクラウディウス帝がやめさせようとした告示については、スエトニウス『ローマ皇帝伝』の「クラウディウス」第二五章を参照してください。穀物の無償配給を受け取らせるために奴隷を解放した主人については、『テオドシウス法典』第一四巻第一七章第六法文とスエトニウス『ローマ皇帝伝』の「アウグストゥス」第四二章に書かれています。老いた乳母に畑を贈った話は小プリニウスの『書簡集』第六巻第三書簡にあります。奴隷も自由人も含めた広い意味でのファミリアに開かれた墓の例は、碑文ＩＬＳ８３６５（ＩＬＳはラテン語碑文選集の略）に見られます。ガイウス・メリッススの話はスエトニウス『文法家・修辞家列伝』第二一章に載っています。

第X章

解放奴隷の問題

《野心は体臭と同程度に知的なものである》――それが解放奴隷の問題だ。彼らはまさに野心の匂いがする。正式にローマ市民として迎えられるやいなや、解放奴隷はこの社会でのし上がろうと必死になる。烙印を押されたり、入れ墨を彫られたりした奴隷が解放されると、その痕を消すために専門の医者を訪ねるそうだ。医者は傷痕を削り出し、あるいは肉を焼いて隠すといった術を施す。しかしその程度は序の口で、多くの解放奴隷はそれ以上のことをする。成功を得るためならどんな労苦もいとわず、生来の自由人よりはるかに努力する（この点は認めざるをえない）。解放奴隷が公職に就くことを禁じられているのは幸いなことで、そうでなければ我先にと政界に飛び込み、躍起になって上を目指すだろう。それができないからこそ、彼らは金銭的成功を目指すのである。しかも低俗なやり方で。いや、彼らにはそれしか方法がないのだから仕方がない。長い時間をかけて土地を運用するのではなく、物の売買で儲けるしかない。そして解放奴隷は大いに成功し、富豪になる。

奴隷を解放するという行為は、結局のところ主人の自己満足である。主人というものは、ある奴隷の長年の働きを懐かしく振り返ると感傷的になり、その奴隷に自由を与えることで満足感に浸りたくなる。そして相手も感動し、感謝の気持ちでいっぱいになるものと思い込みがちだ。寛大な主人の温情に対して相手は恩返しをしようとするだろう、解放されたあともいろいろな面で助けてくれるだろうと思っている。だがそれは、悲しいことに、われわれの思い違いのようだ。解放奴隷が期待通りにパトロヌスに礼を尽くすとはかぎらない。それどころか、大いに改善されたはずの立場に満足せず、もっと上を目指すという思い上がった態度をとることが少なくない。

わたしの解放奴隷のセルウィウスの話をしておこう。セルウィウスは教養のある男で、わたしは解放に値すると思い、自由という報酬を与えた。そしてしきたりにより、わたしの名をとってマルクス・シドニウス・セルウィウスと名乗らせた。ところがこの男は解放されるやいなや、わたしと対等の人間になったと思い込んだのだ。馴れ馴れしい口をきくようになり、朝の表敬訪問の時間〔クリエンテスはパトロヌスに敬意を示して訪問する習慣があった〕にもめったに顔を出さない。そしてあるとき、彼の事業についてこちらの要望を伝えようとしていたら（出資しているのはわたしだ！）、無礼にもそれを遮った。わたしはもう我慢できず、分をわきまえさせるために軽く数回鞭で打たせた。すると、何とも信じがたいことに、セルウィウスはわたしを法廷に訴えたのだ。生意気にもほどがある！　セルウィウスはわたしが彼の自由人としての名誉を汚したと主張した。当然のことながら、法務官はこの主張を認めなかった。このときの法務官は以前から妥当な判断をすることで知られていた人物で、「元は所有物でしかなかった者が元の所有者を名誉棄損で訴えるなどばかげたことである」といって訴えを退けた。以前奴隷であった者は、元の主人から見ればいかなる名誉ももたない。したがって、名誉を汚すこともありえないのだ。

わたしのほうも、解放奴隷の問題でこちらから法に訴えざるをえないことが何度かあった。ありがたいことに法廷は公正で、解放奴隷の思い上がったふるまいを有罪としてきた。たとえ解放されても、かつて奴隷であった者がその事実から逃げることはできない。それにもかかわらず不遜な態度をとれば、だいたいは罰せられるし、場合によってはある期間追放される。パトロヌスに危害を加えようとした場合は鉱山行きになる。パトロヌスについて悪質な噂を流したり、誰かをそそのかしてパトロヌスを訴えさせたりした場合も同様である。パトロヌスに対する労働義務を怠っただけの場合は通常は叱責程度で、ただし繰り返せば厳罰に処するとの警告が与えられる。クラウディウス帝〔在位四一～五四〕はもっと厳しく、パトロヌスへの当然の感謝を示さない解放奴隷や、パトロヌスが苦情を申し立てざるをえないような行いをした解放奴隷を元の奴隷身分に戻せといった。

しかしながら解放奴隷とその家族が野心にとりつかれるのはよくあることで、なかには大成功を収めてとんでもない地位にまで上り詰める例もある。かつて奴隷であった者が、事業に成功したことで、あるいは元主人の遺産相続人になったことで、名声を誇る大土地所有者たちと肩を並べるほどの富を手にすることがあるのだ。いやはや何ともあきれた話だが、実はわたしのカンパニアの領地の隣人にも一人いて、どうにも気分が悪い。トリマルキオという名で、明らかに人に見せびらかすために法外な値段で土地を買ったのだ。わたしもさっそく食事に招かれ、お高くとまっているといわれるのも癪《しゃく》なのでしぶしぶ招待を受けたところ、案の定、いかにしてこの土地を手に入れたかといった自慢話を延々と聞かされた。「やり方は心得てますよ。安く買って、高く売る。そのタイミングをわたしは逃《のが》さない。それに元来とんでもなくけちで、倹約家なものですからね」といった調子である。

彼は子供のころ奴隷としてアジアからローマに連れてこられたそうだ。そして一四年間ずっと主人に気に入られるように努力した。そのうち家のなかを取り仕切るまでになり、主人の遺産相続人に指名され、ついに莫大な遺産を相続した。「しかしですね、何もしないでじっとしていられる人間なんかいないわけでして」というわけで貿易を始め、船を五隻造ってワインを積み込んだが、どれもローマへ向かう途中で難破した。彼は損失額を三〇〇〇万セステルティウスといったが、これははったりだろう。その後へこたれることなくもっと大きくて頑丈な船を造り、ワインとベーコンと豆と香油と奴隷を積み込んだ。すると一回の航海で一〇〇〇万セステルティウス（彼がいうには）の利益が出て、土地と大邸宅と大勢の奴隷を手に入れることができたそうだ。

この種の成り上がり者が何の遠慮もなく羽振りをきかせているというのは、何とも不愉快な話である。ローマを知らない人は、解放奴隷はそれまで奴隷だったのだから、解放されただけでもうれしく思い、ローマ市民に迎えられたことに感謝しておとなしくしているはずではないかと思うだろうが、現実はそうではない。今やローマはあらゆる種類の移民と解放奴隷のるつぼと化している。時には自由人と奴隷という最大の区分さえ軽視されることがある。騎士身分も以前とは異なり、アウグストゥス帝〔在位前二七〜後一四〕がその定義を改定して「四〇万セステルティウス以上の価値の土地を所有する者」としてからは、金持ちの解放奴隷であふれることになった。身分の区別があまりにもぼやけてきたために、とうとう解放奴隷が国の高官に選出されるという事態まで起きている。たとえば、バルバリウス・フィリップスは逃亡奴隷だったが、そのことを隠してローマの法務官に選ばれ、長年その職にあった。身分が知れたのは死後のことだったが、そのとき人々は、彼が下してきた判決を法令集から削除するべきなのか、それとも社会の安定のために有効とするべきなのか頭を抱えた。

いうまでもないが、自由人であろうが奴隷であろうが、嘘をついたり騙したりして公職に就けば厳しく罰せられる。マクシムスという奴隷はずうずうしくも財務官に立候補しようとしたが、主人にばれて引きずり下ろされた。この奴隷は訴追を免れたものの、別の逃亡奴隷がすでに法務官になっていたのを発見されたときは死罪となり、カピトリウムの丘のタルペイアの岩から突き落とされた。このように社会が混沌とし、ローマの優れた伝統が広く無視されているせいだろうか、最近では奴隷が窃盗、売春、その他の不正行為で儲けた金で自由を買い取り、ローマ市民の仲間入りをする例も見かけられる。

一方、解放奴隷の成功を妬んで、周囲の人々がこれを阻もうとした例もある。アフリカ属州のわたしの領地の近くであった話だが、あるときクレシムスという解放奴隷が自分の小農場で大きな利益を上げはじめた。それが近隣の大農場をはるかに凌ぐ利益だったので、クレシムスは隣人たちから不興を買い、あいつは魔術を使って他人の作物を盗んでいるのだと訴えられた。困ったクレシムスは、審理が始まると自分の農具をすべて法廷に持ち込み、農夫として使っている奴隷たちも全員連れてきた。農具はどれも出来がよく、手入れも行き届いていた。奴隷も皆健康そうで、身なりも態度もよかった。そしてクレシムスはこういった。「これがわたしの魔術です。これ以外にもわたしの労働と、早朝から深夜までわたしが流している汗がありますが、それはここでお目にかけることができません」。審判人団は全員一致でクレシムスを無罪とした。

公平を期するためにいっておくが、多くの解放奴隷とその子孫たちが農業で大成功を収めてきたのは事実である。解放奴隷の息子のアキリウス・ステネルスは、ノメントゥムでわずか一五ヘクタールのブドウ畑を集約的に栽培し、それを四〇万セステルティウスで売ったことで名声を得た。また友人のレンミウス・パラエモンを助け、同じノメントゥムのローマからおよそ一〇マイルのところにある畑を六〇万セステルティウスで買わせた。ご存じかもしれないが、郊外のこのあたりの土地は値段が手ごろで、なかでもパラエモンが買ったところは安かった。手入れが悪く荒れ果てていて、土質もこのあたりの痩せた土地のなかでさえ平均以下という場所だったからである。ところがステネルスが監督して土壌を改善し、ブドウの木を植え替え、農舎も再建したところ、見違えるほど立派な畑になった。そして八年もしないうちに、まだ木になっている状態で競売にかけられたブドウに四〇万セステルティウスという高値がついた。その後、ローマ随一の偉大な学者であり政治家でもあるセネカがこの畑を元手の四倍の値段で買ったが、それはステネルスが手を入れてからわずか一〇年後のことだった。

また、すべての解放奴隷が低俗だとはいえないことも、事実として認めざるをえない。解放奴隷のなかには人並外れた頭脳の持ち主もいて、学術研究に多大な貢献をしてきた。その水準は非常に高く、単に学問好きの主人に使われていたといった理由で説明できるものではない。たとえば、マルクス・アントニウス・グニフォはガリアの自由人として生まれたが、両親に捨てられ、奴隷として育てられた。育ての親は彼に教育を施し、後に解放した。話によれば、グニフォは才能豊かで記憶力に優れ、ギリシャ語やラテン語の文献を読みこなし、しかも愉快でおおらかな性格だったという。文法家および修辞学の教師となったが、一度も報酬を求めたことがなく、ただ生徒たちの心づけに頼って暮らした。ユリウス・カエサルが育った家でも教えていたそうだ。また、トラキア人ではないかといわれているスタベリウス・エロスの例もある。奴隷として競売で売られたが、勉学に熱心だったため後に解放された。共和政を愛したと伝えられていて、教え子にはカエサルを暗殺したブルトゥスとカッシウスもいた。生来高潔な人柄で、スッラ独裁の時代に財産を没収された人々の子供たちを無償で教えたという。さらに、大ポンペイウスの解放奴隷だったレナエウスもいる。ポンペイウスのほぼすべての遠征に同行したといわれているが、実はまだ奴隷だったときに逃亡したことがあった。故郷に逃げ帰り、そこで学問を教え、主人には自分を買ったときに支払った金額を送ったが、ポンペイウスはレナエウスの人柄と学識に免じて金を受け取らずに解放した。

　皇帝の解放奴隷たちも〝低俗な成金〟という枠には当てはまらない。解放奴隷のみならず、奴隷でさえも、皇帝に所有されていれば特別な存在になる。国の父である皇帝の近くにいるので、社会的にも特殊な地位にいると見なされている。彼らは皇帝から褒美や報酬を受け、それが高額なので、自らも奴隷所有者となることがある。たとえばムシクス・スクッラヌスはティベリウス帝〔在位一四〜三七〕の奴隷だったが、彼自身一六人の奴隷を所有していた。会計係、料理人、従者など、自分自身のためにさまざまな仕事をさせていたのである。皇帝の奴隷や解放奴隷が特別な地位にあることは、クラウディウス帝によって法的にも認められた。クラウディウス帝は彼らにローマ市民と結婚することを許し、その子供たちに「ユニウス・ラテン人」（解放奴隷の一種だが、財産相続権は認められていなかった）の地位を与えた。これが一般の奴隷であればローマ市民と暮らしていることがわかっただけで厳しく罰せられるし、生まれた子供も奴隷になるのだから、皇帝の奴隷がいかに特別視されているかがわかる。皇帝のファミリアは巨大であり、そのなかにこうした特別な奴隷や解放奴隷が大勢いて、ありとあらゆる仕事をこなしている。余談になるが、わたしは以前、「皇帝の凱旋用装束の管理係」をしているという解放奴隷に会ったことがある。そんな仕事まであったとは！

皇帝の奴隷や解放奴隷のなかには重用され、側近となった者もいる。クラウディウス帝などはいつも解放奴隷の意見を聞いていたことで有名で、政治上の重要な案件も例外ではなかった。その理由についてクラウディウス帝は、彼らは公職に立候補できず、政治活動に積極的に参加することもできないので、客観的な意見が聞けるからだと述べている。また逆に、そうした立場で仕事をしたいと望み、自由人に生まれながら自ら奴隷となって皇帝に仕え、国の統治を助ける人々もいる。こうした状況を見て、由緒ある家柄の人々は、以前は元老院がやっていた仕事まで奴隷がやっているのはけしからんと憤慨しているようだ。わたしもひと言いっておきたいのだが、側近となった奴隷のなかにみっともない真似をする者がいるのは事実である。クラウディウス帝の解放奴隷だったパッラスは、奴隷とローマ市民との結婚の件でクラウディウス帝のために法案を考えただけで、元老院から一五〇〇万セステルティウスもの報奨金と名目上の法務官の肩書を提示された。パッラスは名誉だけ受け、自分はささやかな収入で十分ですといって報奨金を辞退したが、それは巧みに演出された〝つつましさ〟でしかなかった。というのも、これによって元老院は公の記録のなかでパッラスの〝つつましさ〟をたたえるはめになったわけだが、実はパッラスはおよそ三億セステルティウスの資産をもっていたからである。パッラスの弟のフェリクスに至っては、兄のような表向きの〝つつましさ〟さえ見せなかった。フェリクスはユダヤ属州総督に任じられると、兄が皇帝の側近なのだから自分は安全だと高をくくり、任地であらゆる種類の犯罪に手を染めた。しかも、思った通り罰せられなかった。

このように皇帝の奴隷や解放奴隷は既存の法律の枠外に置かれ、いわば社会から切り離された存在になっていて、それは彼らが互いに強い絆で結ばれていることからもわかる。先に一人死ぬと、残された者たちが手の込んだ墓碑銘を刻ませるし、なかには死んでも一緒にいたいと、同じ墓に入る例もあるそうだ。

しかし、学者や皇帝の側近といった例外を別にすれば、解放奴隷とはこれ見よがしに富をひけらかすのが好きな連中であり、それはある意味では、自分たちも本当のローマ人だと示したいからだろう。彼らの墓を見ればそれがわかる。死後の世界でも市民権を得たいという主張のつもりなのか（だとしたらその気持ちはわからないでもないが）、あまりにも大きすぎ、装飾過多である。死者を美化した長い碑文も、美辞麗句で膨らませてあるだけで、よく読むと大した業績は書かれていない。もちろん墓だけではなく、生きているあいだの自慢話も相当なもので、自分がどれほど金持ちかを微に入り細に入りまくしたてる。本当の富は宣伝を必要としないことを知らないのだ。本当の富とは、控え目な態度と、地位により養われる品性によって語られるものだ。さきほど触れた隣人のトリマルキオも、自分の土地からどれだけ小麦が収穫できるとか、その日の朝何頭の雄牛を食用に回したとか、とにかく細々としゃべりつづけてわたしを辟易させた。そのうえわざわざ会計書記を呼びつけて、会計報告を読み上げさせるという念の入れようだ。その内容はというと、トリマルキオ所有の農地で女奴隷から男児三〇人が生まれたとか、ミトリダテスという奴隷が主人の守護霊を侮辱した罪で磔刑に処せられたとか、一〇〇〇万セステルティウスが投資されず金庫に戻されたとか、ポンペイの農地で火災が発生したといったもので、正直なところわたしにはどうでもいいことばかりだった。だがトリマルキオは手を抜かず、火災の報告のところですかさず言葉を挟んだ。

「何だと？　わたしがいつポンペイに農地を買った？」

「去年です」と会計書記が答えた。「ですからまだ帳簿に記載していませんでした」

トリマルキオは真っ赤になり、重々しく宣言した。

「わたしの名で購入された土地が六カ月以内に報告されなかったら、帳簿につけることを禁じる」

これはすべてわたしを感嘆させるためなのだが、その手には乗らない。

だがそれで終わりではなく、むしろそこからが本番だった。食堂に案内されて臥台に横になると、エジプト人の少年奴隷が駆け寄ってきて雪で冷やした水で手を洗ってくれた。続いて駆け寄ってきた別の少年奴隷たちは、実に器用に足の爪のささくれを切ってくれた。しかも面倒な仕事をしながら少年たちは歌をうたうのだ。近くにいた少年に酒を頼んだときも、その少年は歌で答えた。わたしは合唱団を前にしているような気分になった。それから食事が始まり、巨大なトレーが運ばれてきた。その上には青銅製の小さいロバが置かれていて、そのロバに二つのかごがかけられ、片方に黒いオリーブが、もう片方には白いオリーブが入っている。またロバの上を覆うように二枚の銀の皿が配置されていて、そこに珍味が盛られていた。ケシの実とハチミツをまぶしたヤマネ、銀製の網の上で焼かれている熱々の腸詰め、その下には黒いスモモと赤いザクロの実といった具合である。皿にはトリマルキオの名と銀の重量が彫られていた。

前菜を楽しんでいると、今度はトリマルキオ自身が音楽に合わせて運ばれてきた。そして臥台の上の小さいクッションの山のなかに降ろされた。緋色のマントから剃り上げた頭がのぞいていて、首の周りには幅広の赤紫色の縦縞模様が入った（まるで元老院議員！）ナプキンをかけていた。左手の小指に巨大な金の指輪、薬指には星形の鉄をはめ込んだやや小さい指輪をしている。さらに、これだけではないといわんばかりに右腕を出していて、そこには金の腕輪と、きらきらした金属の薄板でつないだ象牙の腕輪がはめられていた。

最悪なのは、そういう派手な飾りをトリマルキオが自慢に思っていることだ。そして、わたしが薄ら笑いを浮かべているのに気づくと、苛立ちを隠さずにこういった。

「何がおかしいんです？　あなたはローマの貴族かもしれないが、わたしだって自由人に交じって何も臆するところはありませんよ。誰からもびた一文だって借りちゃいませんしね。法廷に訴えられたこともないし、借金だってありません。今じゃちょっとした土地と、少々の銀食器と、二〇人の奴隷をもち、犬も一頭います。アウグスタレス〔解放奴隷たちが設立した慈善事業団体〕の一員にもなりましたしね。つれあいだった女奴隷も買い取ってやりましたから、もう誰も彼女に薄汚い手をかけることはできませんよ」

「大したものです」わたしはそう答えておいた。

しかし彼はなおもまくしたて、どうにも止まらなくなった。

「奴隷であることがどんなものか、あなたにはおわかりになりませんよ。何といっても不愉快なのは、あなたのようなお高くとまったローマ人に「おい」と呼ばれるときです。それがまだ髯も生えていない若造ならなおさらのことですよ。あるいは彼らに尿瓶をもっていくときも。こっちは腹が減ってるのに、食べ残しのクリームケーキだの丸ごと残った鶏だのを目にしなきゃならないときもです。しかも奴隷は残り物さえ食べちゃいかんといわれましたよ。さらに頭にくることに、太ったローマ人がわたしら奴隷を〝がめつい大食い〟と呼びやがる。こっちは何も食べちゃいないってのに。あなたもよくご存じでしょうが、ローマ人はみんな自己顕示のために奴隷を買うんです――わたしら解放奴隷だけじゃありません。誰もができるだけ多くの奴隷を買おうとしますが、それは金儲けのためなんかじゃない。自分がどれほど金持ちで大物かを示すためです」

解説

解放奴隷といっても、主人のもとを離れてまったく自由な人生を送れるわけではありませんでした。パトロヌス（保護者）となった元主人に敬意を示さなければならず、クリエンテス（被護者）としてパトロヌスのために何らかの労働を提供する義務がありました。クリエンテスがその労働を怠れば、パトロヌスの側は法に訴えて強要することもできました。法律上、パトロヌスは解放奴隷に体罰を加えることはできませんが、体罰を受けたという解放奴隷の訴えを法廷が退けた事例も一件あります。

キケロがティロという賢い解放奴隷に宛てた手紙には、返事をよこさないと鞭で打ってやるぞという文言が冗談として何度か出てきます。どうやら主人たちは相手が解放されてもそうした口癖を続けて楽しんでいたようですが、いわれる側からすれば素直に笑える冗談だったとは思えません。この点については、T・P・ワイズマン編集『古代ギリシア・ローマ研究の発展：論文集（Classics in Progress: Essays on Ancient Greece and Rome）』のなかのメアリー・ビアードが執筆した章（一〇三-一四四ページ）が参考になります。

自由になった解放奴隷の多くは、それまでできなかったことを成し遂げようと必死になりました。解放されたことを彼らがどれほど誇りに思っていたかは、今日に残る彼らの墓を見ればわかります。多くの墓にはトーガを着た姿が彫られていますが、トーガはローマ市民でなければ着用できないものでした。解放奴隷のなかには大きな権力と莫大な富を手に入れた者もいましたが、それはほんの一部にすぎません。けれども、若干社会の階段を上がり、生活水準を上げ、家族にも少しいい暮らしをさせることができた解放奴隷は大勢いました。

ローマは多くの奴隷を解放し、市民社会に取り込んでいきました。だからといって、そこに何の摩擦もなかったわけではなく、腹立たしく思う人々もいたのです。当時の成り上がり者を大いに冷やかした小説も書かれ、それがペトロニウスの『サテュリコン』です。紀元一世紀半ばの長編作品で、一六歳の美少年ギトンをめぐって放浪学生のエンコルピオスらが繰り広げるどたばた喜劇です。そのなかに「トリマルキオの饗宴」という長い章があり、エンコルピオスたちがトリマルキオという成金の家に招かれたときの宴会の様子が事細かく描かれています。金に糸目をつけない俗悪な趣向の料理が次々と出てくるのですが、トリマルキオは客を感嘆させようと必死です。ペトロニウスはトリマルキオのそうしたふるまいや、取り巻き連中の垢抜けない言動を冷やかすような調子で小説を書き進めています。もちろん『サテュリコン』はフィクションですから、話を面白くするためにすべてが誇張されています。しかしどれほど粉飾されていようとも、やはりいくばくかは当時の上流階級の憤りが反映されていると考えていいのではないでしょうか。

奴隷がさまざまだったように、解放奴隷もさまざまでした。皇帝のファミリアの一員として権勢を振るった解放奴隷もいて、法的にも特別待遇を受けていました。才能ある学者や作家として優れた業績を残した解放奴隷もいました。とはいえ大半はトリマルキオのような成功とは無縁でしたし、パトロヌスに敵対心を抱いていたわけでもありません。解放奴隷と元主人のあいだに常に確執があったと考えるのは間違いで、多くの解放奴隷は元主人が第二の人生を支えてくれたことに感謝していました。また元主人のファミリアのための墓に埋葬されるという恩恵にも浴したのです。

パトロヌスの法的権利については、『ローマ法大全』の「学説彙纂」の第三七巻第一四章に、皇帝の解放奴隷の特別な扱いについては、『テオドシウス法典』の第四巻第一二章に記述があります。アキリウス・ステネルスの話は大プリニウスの『博物誌』第一四巻第五章に、フリウス・クレシムスが呪詛で訴えられた話は同じく『博物誌』の第一八巻第八章四一－四三に載っています。マクシムスという奴隷が財務官になろうとした話はカッシウス・ディオの『ローマ史』第四八巻第三四章を、バルバリウス・フィリップスという奴隷が法務官に選出された話は『ローマ法大全』の「学説彙纂」の第一巻第一四章第三節を参照してください。「トリマルキオの饗宴」はペトロニウスの『サテュリコン』第二七 - 七八章にあります。

第XI章

キリスト教徒と奴隷

嘆かわしいことに、今この世にはキリスト教徒がどんどん増えつつある。この邪教の拡大はいったんは皇帝たちの努力で食い止められ、ネロ帝〔在位五四〜六八〕などは「人類全体に対する罪」を理由に多くのキリスト教徒を殺した。しかしその後ユダヤ属州で再び勢いを増したかと思うと、ほどなくローマにも舞い戻ってきて、どういうわけか普及してしまった。どうやらローマはおぞましいものや恥ずべきものが流行りやすい場所らしい。あなた方が暮らす野蛮な地にもこの邪教に染まった指導者がいるかもしれないので、最後にこの奇妙な教団について若干触れておこうと思う。

キリスト教は「柔和な人たちが地を受け継ぐ」〔マタイによる福音書第五章第五節〕と説く邪教である。はっきりいっておくが、わたしの死後に奴隷たちが〝受け継ぐ〟のは〝地〟ではなく、そこの金額と、場合によっては自由、それだけだ！　またキリスト教徒は自分たちを「しもべ」だというが、その理屈が不可解である。彼らは自分をキリストの「しもべ」であるといい、彼らの神を「主」と呼ぶ。しかしながら、彼らが慈悲や施しを説いているからといって、奴隷の扱いがわれわれと違っているかというと、そんなことはない。

わたしが会ったことのある裕福なキリスト教徒はいずれも奴隷を所有していて、しかもその扱い方はほかのローマ人と変わらない。また個人ではなくキリスト教の教会も、評議会と同じように奴隷を所有している。キリスト教徒だからといって、奴隷の反抗を許すと思ったらとんでもない。彼らは奴隷に対して、われわれと同じように「主人に従え」といっているし、奴隷が反抗すれば同じように鞭で打つ。あるキリスト教徒の女などは、若い女奴隷にひどい体罰を与えて死なせてしまったという。そのとき教会が下した罰は五年間の破門（意図的だということが明らかになれば七年間の破門）というものだった。また、キリスト教徒は逃亡奴隷を所有者に返すという義務も受け入れている。パウロと呼ばれた指導者の一人も、彼のもとに逃げてきた奴隷を所有者のフィレモンに送り返している。パウロはその奴隷を寛大に扱うようフィレモンを説得したのだろうが（そのあたりはわたしにはわからないし、この際どうでもいい）、大事なのはパウロが逃亡奴隷を匿ったのではなく、所有者に返すことによって法的義務を果たしたという点である。

キリスト教徒はわれわれ同様に奴隷を低く見ている。キリスト教徒のなかの知識人を気取る人々は、裕福な信者の悪徳を批判してばかりいるが、その際に〝奴隷がするような〟行いだといって責めることが多い。奴隷は盗みを働き、逃亡し、あるいは貪食や貪欲に溺れるが、それと同じ行為をしているといって責めるのである。つまり彼らにも奴隷は悪だと思い込む傾向があり、奴隷はだいたいにおいて道徳的に劣っていると考えているようだ。また、卑しい身分の者でも有徳な行いをしうるが、それはあくまでも例外であって、それ以上のものではないと考えていて、その点もわれわれと同じである。

実のところ、キリスト教徒には奴隷や解放奴隷が多い。そもそも彼らが教皇と呼ぶ最高指導者の一人も元は奴隷で、しかも人を騙す悪党だったというではないか。名をカリストゥスといい、カルポフォルスという資産家の奴隷だった。カルポフォルスもキリスト教の信者で、皇帝のファミリアに属していたおかげで資産を築いた男である。そのカルポフォルスがカリストゥスを信頼し、あるとき大金を預け、これを元手に魚市場で銀行業を始めろといった。すると、皇帝の側近のカルポフォルスが後ろ盾なら安心だというので、多くのキリスト教徒がやってきてカリストゥスにかなりの額を預けたそうだ。ところがカリストゥスはそれを全部使い込んでしまい、返すあてもなかったのでひどくまずいことになった。

そこへ悪事の噂を聞きつけたカルポフォルスがやってきて、帳簿を見せろといったので、カリストゥスは震え上がって逃げ出した。そしてどこでもいいから海を渡ろうと、ポルトゥスで出港寸前の船を見つけて乗り込んだのだが、そこで正体を見破られてしまう。知らせを聞いたカルポフォルスが港まで追ってきたため、カリストゥスは恐ろしい刑罰より死ぬほうがましだと海に飛び込んだが、港にいた人々が大声で騒いだので水夫たちが気づいてしまい、不本意ながら助けられ、カルポフォルスの手でローマに戻された。

カルポフォルスはカリストゥスの愚かなふるまいに激怒し、罰として粉ひきの仕事に回した。だがしばらくすると信者たちがやってきて、カリストゥスを許してやってくれととりなし、性根の優しいカルポフォルスはとうとう折れて、損失の穴埋めをするという条件で許してやった。しかしカリストゥスに穴埋めの算段などないし、急にまともになるはずもない。案の定またばかなことを考え、逃げられないならやはり死のう、いや、処刑されるようなことをしようと、ある土曜日にユダヤ人たちが集まる礼拝堂に行ってわざと騒ぎを起こした。ユダヤ人たちは驚き、彼を袋だたきにすると、都市長官のフスキアヌスのところへ連れていって訴えた。このときもまたカルポフォルスが駆けつけ、事情を説明してとりなしたが、ユダヤ人たちは耳を貸さず、結局カリストゥスは鞭で打たれ、サルディニアの鉱山に送られた。

しかし鉱山でもカリストゥスはおとなしくしていなかった。鉱山関係者にも皇帝のファミリアと強いつながりをもつ信者が何人がいたので、騙しのテクニックでその人々に取り入り、何と仲間とともに鉱山労働から解放されたのだ。だがその解放にひと肌脱いだローマ司教は、あとからあの悪評高いカリストゥスを解放してしまったと気づいて当惑し、ローマから追い出した（とはいえ、月々の手当てをつけてもらってアンティウム〔現在のアンツィオ〕に送られただけなのだ。それなのにキリスト教徒たちは「犯罪は報われない」などといっている。おかしな話ではないか）。その後時を経て、この不道徳なペテン師は教会の代理司祭になり、ついには教皇にまでなった。こういう人物がキリスト教徒たちを導いているのだ。つまり最下層の出で、人品の卑しさでは誰にもひけをとらない男である。

奴隷の扱いの話に戻るが、キリスト教徒は何もかもわれわれと同じというわけではなく、いくつかの点を変えようとしている。たとえば、奴隷が売られるときに家族がばらばらになるのはよくないと考えていて、もしキリスト教徒が皇帝になったら（まさか！）、奴隷を売るときは夫婦、親子を一緒に売ることと法で定めるだろうといっている。また、逃亡奴隷の顔に烙印を押すことを法で禁じるべきだともいっているが、その理由が奇妙で、奴隷に同情してのことではない。キリスト教徒も逃亡奴隷は罪人だと考えている。ではなぜかというと、人の顔は神の顔に似せて作られているから、傷つけてはいけないというのである。したがって、烙印は顔に押さずに、足やふくらはぎに押せばいいという。もう一つ、主人によって売春を強要された奴隷はすぐさま解放されるという内容も法に盛り込みたいようだ。

いずれにせよ、彼らは奴隷という存在を否定してはいない。つまり、この本を書くきっかけを作ったあのアラン族の客人とは違うのだ。かといって奴隷はずっと奴隷だと考えているわけでもなく、われわれと同じように、長年実直に働いた奴隷は解放されるのが当然だと思っている。キリスト教徒の場合は奴隷を六年間働かせ、その後の最初の復活祭のときに解放するのが一般的だと聞いている。また教会がしばしば奴隷解放の手助けをしているそうだ。キリスト教徒にとっては、司教が開く法廷がローマの法廷と同等の――それ以上とはいわないとしても――権威をもっているからである。

ところで、キリスト教徒というと性の問題にひどくうるさいように思うのだが、奴隷についてもそうらしい。なかには主人が自分の奴隷と床をともにするのを悪いことだと考える人もいるそうで、家長が女奴隷たちの夫のようにふるまうとしたら、妻も奴隷とあまり変わらないことになってしまうと文句をいっている。また、家長がふしだらであれば、奴隷たちにもけじめがなくなると説く。これには一理あり、ファミリアにおける主人の立場は身体に対する頭のようなものだという彼らの主張は正しい。主人の行動や考え方こそがファミリア全体の規範となるのだから。だがそこから先がわたしには理解できない。彼らは続けてこういう。主人が女奴隷たちと床をともにするとき、主人は女たちに悪事を強いている。なぜなら女たちは自分の意思に反して主人に従うしかないからだ。つまり女奴隷たちは他人の欲望の〝奴隷〟となってしまう。これはキリスト教徒が得意とする詭弁にほかならない。では裕福なキリスト教徒たちもその考えに沿って身を律しているのだろうか？　とんでもない！　それに、そもそもそんな必要はないではないか。主人の来訪を喜ばない女奴隷などどこにいるのだ？

解説

初期のキリスト教の文書には奴隷制から借用した言葉がたくさん出てきます。「主」のラテン語はdominusですが、これは「主人」「家長」の意味で使われていた言葉ですし、「贖罪」のラテン語はredemptioで、これは本来「(自由を)買い戻すこと」の意味でした。また『新約聖書』にも奴隷の扱いに関する記述が数多く見られます。それは初期のキリスト教が抑圧された民のための宗教であり、奴隷たちにとって魅力的なものだったという事実を反映しているのかもしれません。あるいは、奴隷制が社会に深く根を下ろしていたので、それに関連する言葉も社会生活のあらゆる面で使われていて、新しい宗教もその例外ではなかったということなのかもしれません。さらに、奴隷所有者も数多くキリスト教に帰依し、それが言葉にも影響を与えたのかもしれません。いずれにしても、ストア哲学をはじめとするそれ以前の古代思想と比べて、キリスト教のほうが奴隷の立場に同情的だったと考えるべきではありません。

わたしたちはイエスの教えが奴隷たちを悲惨な状況から救ったと考えがちです。しかし今日に残る資料を見るかぎり、キリスト教徒の主人たちの奴隷の扱いが異教徒の主人たちよりよかったとはっきりいうことはできません。キリスト教徒の著述家たちも、異教徒の著述家と同じように、自分の奴隷にあまり関心があったようには見えません。「ルカによる福音書」の第七章第一 - 一〇節に、イエスがある百人隊長の奴隷の病を癒し、その隊長の信仰を褒めたことが書かれていますが、そこでもイエスは奴隷については何も述べていません。またキリスト教徒の著述家たちは、奴隷は不道徳な行いをするものだという前提に立って書いています。信徒の悪い行いを奴隷の行い（と一般的に考えられていたもの）になぞらえている個所が多いのはそのためです。その一方で、奴隷でも徳の高い行いをすることがあるという点も強調されていて、それはストア派と同じです。

聖パウロはローマ法に触れることがないように配慮し、逃亡奴隷を匿うことなく、所有者であるフィレモンに送り返しました。パウロが気にかけたのは奴隷制の問題ではなく、フィレモンが奴隷を寛大に扱うかどうかです。これは少なくとも、主人は奴隷に対しても行い正しくあるべきだという理想をキリスト教が掲げていたことを示しています。しかしながら、第四章でも触れたように、そのような理想はすでにキリスト教以前の哲学にもありました。そしてその理想が当時の現実の生活に大きな影響を及ぼしていたのかというと、それは何ともいえないのです。

パウロは奴隷たちに主人に従いなさいと説いていました。その一方で、彼らの苦しみはイエスの苦しみと同じであるとも説いていますが、これは来たるべき救済がいかにすばらしいものかを強調するためです。奴隷に反乱を促しているわけでも、せめて抵抗するべきだといっているわけでもありません。そうした記述は一切見られませんし、それどころか、「奴隷には、あらゆる点で自分の主人に服従して、喜ばれるようにし、反抗したり、盗んだりせず、常に忠実で善良であることを示すように勧めなさい」（「ティトゥスへの手紙」第二章第九－一〇節）と説いています。また、ヨハネス・クリュソストモスをはじめとする、少しあとの時代のキリスト教徒の著述家たちは、パウロが奴隷をフィレモンに戻したことを、奴隷制を廃止するべきではないという意味だと解釈しました。

紀元後三一二年にコンスタンティヌス帝（在位三〇六～三三七）がキリスト教に改宗しましたが、それでも奴隷の立場ががらりと変わったわけではありません。コンスタンティヌス帝は奴隷の夫婦や家族をばらばらに売ることを禁じ（『テオドシウス法典』第二巻第二五章）、奴隷の顔に烙印を押すことを禁じ、また主人が奴隷に売春を強要することを禁じました。この最後の法には身体を道徳性の一部と見るキリスト教の考え方が反映されています。そしてそれは、主人の奴隷に対する性行為に、それまでのローマにはなかった意味合いが付加されたことを意味します。

キリスト教の立場から初めて奴隷制を批判した文書はニュッサのグレゴリオス〔四世紀のキリスト教学者で、ニュッサの司教〕によるものですが、それはようやく四世紀後半のことでした（『コヘレト書講話』の第四講話）。多くの人々が、キリスト教以外のものを含めても、奴隷制の廃止を訴えた古代の文書としてはこれが最古のものだと考えています。しかし、奴隷制廃止は当時としてはかなり極端な考えですし、ニュッサのグレゴリオスが本当にそのような見解を抱いていたかどうかはわかりません。ただ単に、キリスト教徒の奴隷所有者たちのふるまいをもう少しいいものにしたいと思っていただけかもしれません。またたとえグレゴリオスが本当に奴隷制の廃止を求めたのだとしても、その考えに追随する人はいませんでした。

ひねくれものの奴隷のカリストゥスが後に教皇（紀元後二一七〜二二二年）になった話は、彼の対抗者だったヒッポリュトスによって書かれたものです（『全異端駁論』第九巻第一二章第一節）。ということは、この話をうのみにしてはいけないでしょう。また同時に、キリスト教徒の奴隷に対する考え方はこうだったと一様に決めつけてはいけないこともわかります。ローマ人にもさまざまな考え方があったように、キリスト教徒の奴隷に対する見方もさまざまでしたし、しかも時代によって大きく異なりました。奴隷は道徳的に劣るとするキリスト教の説教の例としては、サルウィアヌスの『神の支配について』第四巻第三章が挙げられます。同じく『神の支配について』の第七巻第四章には、主人による奴隷の性的搾取に関する厳しい見方が載っています。キリスト教に改宗したコンスタンティヌス帝が奴隷への売春強要を禁じた法は、『テオドシウス法典』第一五巻第八章第二法文に記載されています。パウロが逃亡奴隷のオネシモを主人のもとに送り返した話は、新約聖書の「フィレモンへの手紙」にあります。

あとがき

さらばだ！

以上が奴隷の所有と管理に関する基本的な考え方である。主人は奴隷にいつも注意深く、勤勉であるように求めるが、あなたがそれと同じ注意力と勤勉さをもってこの本を読み、学んでくれたのだとしたら、あなたの頭にはすでにファミリアを効率的に管理し、繁栄させるための知識が入っているだろう。どのように指導力を発揮すればいいか、身分が下の者から尊敬されるにはどうしたらいいかもわかっているだろう。奴隷とは何かという哲学の大枠もわかっているだろう。どうすれば奴隷がよく働くか、奴隷をどう扱うのが最適か、奴隷という資産から最大の喜びを得るにはどうすべきかがわかっているだろう。奴隷に自由への道を歩ませ、あなたのよきクリエンテス（被護者）とするのはいつがいいかもわかっているだろう。高い地位や指導的立場につきものの落とし穴がどこにあるかもわかっているだろう。そしてそれをうまく避けることもできるだろう。要するに、あなたはもう、主人であるとはどういうことかを知っているのだ。

解説

マルクスのように奴隷制を容認し、それを正当化する人は今はもういません。けれども、わたしたちがどれほど進歩したかを喜ぶ前に、よく考えてみてください。今や世界のどこの国でも奴隷制は違法ですが、それにもかかわらず、奴隷状態に置かれている人々がたくさんいます。フリー・ザ・スレイブス（Free the Slaves）というＮＧＯの推計によれば、暴力で脅されて労働を強要され、給料ももらえず、逃げる希望さえもてない人々が四〇〇〇万人いるそうです。現代社会には、古代ローマのどの時代よりも多くの奴隷がいるのです。

訳者あとがき

本書は二〇一五年六月に同じタイトルで刊行された単行本を文庫化したものです。単行本を手にされた多くの方々が、およそ二千年前と現代で人間と人間社会のありようがどれほど変わったか、と同時にどれほど変わっていないかを発見して面白い本だと思ってくださり、そのおかげで文庫化の運びとなりました。このたび「著者挨拶」が一部加筆され、政治学者の栗原康先生によるとびきりパンチのきいた「解説」も加わりました。

「著者挨拶」「解説者挨拶」からおわかりいただけるように、この本の語り手は古代ローマの貴族、マルクス・シドニウス・ファルクスです。古代のことを古代人が語ってくれると思うとわくわくしますが、マルクスは先祖代々大勢の奴隷を使ってきた家系の当主で、まさに奴隷の扱いを語るにふさわしい人物です。ただし、念のために申し上げておきますが、この本はそのマルクスが古典ラテン語で書き残したものを現代語に翻訳したもの……ではありません。「著者」であるマルクスは架空の人物で、「解説者」であるジェリー・トナー教授が本当の著者です。

トナー教授はケンブリッジ大学のチャーチル・カレッジで教鞭をとる研究者で、専門は古代ローマの社会文化史。それも、下から見た歴史の専門家で、「庶民」や「大衆文化」を追いかけています。たとえば当時の理髪師から大衆文化を読み解いたり、娯楽がどんな意味をもっていたか考察したりと、遠い（時代としては）ながらも身近なテーマを研究しています。そのトナー教授が二〇一四年に発表したのが『奴隷のしつけ方』――原題はHow to Manage Your Slaves（奴隷管理法）――なのですが、ここで教授は古代ローマ人に語らせるという冒険をしました。

マルクスはトナー教授が生み出した古代人で、教授は当時の文献から奴隷に関するものを収集・整理し、奴隷所有者はどう考え、どう行動していたのかを想像し、その内容をマルクスの口から語らせているのです。ですからマルクスはプリニウスの知識をもち、キケロの説を代弁し、セネカの哲学も語ります。言及する内容の範囲も数世紀に及びます。つまり知識、思想、時代のいずれから見てもハイブリッド古代人で、そのせいで自己矛盾や混乱をきたしている部分もあります。たとえば、奴隷のふるまいにかっとなって「脚を折ってやれ！」というかと思うと、「できるかぎり感情を抑えること。それができてこそ主人である」とうそぶくのです。ところが面白いことに、この矛盾が全体として人間らしさに通じ、読んでいくうちにマルクス・シドニウス・ファルクスという人物が生き生きと動きだすのですから不思議です。

この本の魅力は実務から見た奴隷制が語られていることです。そして実務だからこそ、内容はもちろんのこと、それに加えて三つの楽しみが待っています。一つは時代の矛盾が見えること。奴隷制度そのものは時代の必然だったとしても、ローマも帝政期に入ると多くの〝行き過ぎ〟が生じてきます。マルクスが「これほど奴隷が増えるとこちらも名前を覚えられないから、奴隷の名前を告げる係の奴隷まで必要になってしまう！」といっているように、なんのために奴隷を使っているのかわからない状況も生じていました。それに対して「われわれはなにをやってるんだ？」としばし逡巡する人もいましたが、全体としてはその道を進みつづけました。こうした点は現代も変わりません。どんな時代にもその時代特有の矛盾があり、人間社会はそうした矛盾を頭の片隅で感じながらも突っ走る傾向をもっているようです。

もう一つは古代ローマのダイナミズムの片りんがうかがえること。古代ローマ時代は決して短くありませんが、そのあいだの版図の拡大を思えば、社会の様相がどれほど大きく変わっていったかも想像できます。ですからローマ法にしても、初期のころは試行錯誤の積み重ねだったはずで、社会の変化に伴って次々と「どうするんですか、これ？」という新種の問題が生じ、それに一つずつ答えを出していかなければならなかったでしょう。この本に書かれているのは主として共和政末期から帝政初期の諸問題、それも奴隷の扱いに関する問題でしかありませんが、それでも試行錯誤の跡が見られ、手さぐりするローマを垣間見ることができます。

三つ目は奴隷の視点が想像できること。マルクスは奴隷を使う側なので記述はもちろん上から目線です。しかしながら主人として日々奴隷と接しているので、奴隷たちの様子も見えてきます。「奴隷たちは常に地位の奪い合いをしていて、どっちが上だ下だと口論し……」といった個所を見ると、奴隷には奴隷の世界があったのだとよくわかります。そのあたりをヒントに、奴隷の側から見たらどうだったのだろうと想像できるのもこの本の魅力の一つです。

時代が移り、制度が変わっても、人間はあまり変わらないようです。すぐにキレて怒りを周囲にぶつける主人たち、頭が悪いふりをして手抜きする奴隷たち、どちらもわたしたちと変わりません。また奴隷という身分は過去のものですが、奴隷のような扱いを受けている人々は今も大勢います。この本を読んで「考え方が古いなあ」と思っても、よくよく考えてみると古代ローマ人を笑ったりはできないのです。

訳出に当たっては古典文献の数々の英訳や邦訳を参照させていただきました。ただし本書の記述は文献の引用ではなく、マルクスの口を介して語らせたものであり、原典どおりではないところや要約されているところ、あるいは複数の文献を融合した内容も見受けられます。各章末の解説に主な原典が挙げられていますので、興味をもたれた方はぜひ原典にも当たってみてください。また古典ギリシャ語・ラテン語の母音には長短の区別があり、キケロは正しくはキケローであり、大カトも大カトーなのですが、本書の人名・地名の表記においては長音を省略したことをお断りしておきます。

最後になりましたが、日本語版を企画し、楽しめるノンフィクションになるよう工夫を凝らしてくださり、今回の文庫化も手がけてくださった筑摩書房の藤岡美玲さんに、またすばらしい表紙を描いてくださったヤマザキマリさんに、心より御礼申し上げます。

橘明美

二〇二〇年二月

Press, 2013.
Shaw, B. (ed. and trans.), Spartacus and the Slave Wars: A Brief History with Documents, Boston, Mass.: Bedford, 2001.
Toner, J., Popular Culture in Ancient Rome, Cambridge: Polity, 2009.
Wiedemann, T. E. J., Slavery (Greece & Rome New Surveys in the Classics 19), Oxford: Clarendon, 1987.

古代ギリシャ時代の奴隷制に関する参考書

Cartledge, P. A., 'Like a worm i' the bud? A heterology of classical Greek slavery', Greece & Rome, 40 (1993), 163-80.
Cartledge, P. A., 'Rebels and Sambos in Classical Greece: A Comparative View', in P. A. Cartledge & F. D. Harvey(eds), Crux: Essays Presented to G.E.M. de Ste. Croix on his 75th Birthday, London: Duckworth, 1985, pp. 16-46.
Finley, M. I., 'Was Greek civilization based on slave labour?', in his Economy and Society in Ancient Greece, B. D. Shaw and R. P. Saller (eds), London: Chatto & Windus, 1981.
Fisher, N. R. E., Slavery in Classical Greece, Bristol: Bristol Classical Press, 1993.
Garlan, Y., Slavery in Ancient Greece, trans. J. Lloyd, Ithaca, NY: Cornell University Press, 1988.
Jameson, M., 'Agriculture and Slavery in Classical Athens', Classical Journal, 7 3 (1977-78), 122-45.
Osborne, R., 'The economics and politics of slavery in Athens', in A. Powell (ed.), The Greek World, Abingdon, Oxon: Routledge, 1995, pp. 27-43.
Smith, N. D., 'Aristotle's theory of natural slavery', Phoenix, 37 (1983), 109-23.
Wood, E. M., Peasant-citizen and Slave: The Foundations of Athenian Democracy, London: Verso, 1989.

古代ローマの奴隷制に関する参考書

Beard, M., 'Ciceronian Correspondences: Making a Book out of Letters', In T. P. Wiseman (ed.), Classics in Progress: Essays on Ancient Greece and Rome, Oxford: Oxford University Press, 2002, pp. 103-44.

Bradley, K., Slavery and Rebellion in the Roman World 1 4 0 B.C.-7 0 B.C., Bloomington, Ind.: Indiana University Press, 1989.

Bradley, K., Slavery and Society at Rome, Cambridge: Cambridge University Press, 1994.

Bradley, K., Slaves and Masters in the Roman Empire: A Study in Social Control, Oxford: Oxford University Press, 1984.

Fitzgerald, W., Slavery and the Roman Literary Imagination, Cambridge: Cambridge University Press, 2000.

Glancy, J. A., Slavery in Early Christianity, Oxford: Oxford University Press, 2002.

Harper, K., Slavery in the Late Roman World, AD 2 7 5-4 2 5, Cambridge: Cambridge University Press, 2011.

Harris, W. V., 'Demography, geography and the sources of Roman slaves', Journal of Roman Studies, 89 (1999), 62-75.

Hopkins, K., Conquerors and Slaves, Cambridge: Cambridge University Press, 1978.

Hopkins, K., 'Novel evidence for Roman slavery', Past & Present, 1 3 8 (1 9 9 3), 3-27.

Joshel, S. R., Slavery in the Roman World, Cambridge: Cambridge University Press, 2010.

Mouritsen, H., The Freedman in the Roman World, Cambridge: Cambridge University Press, 2011.

Rathbone, D., 'The slave mode of production in Italy', Journal of Roman Studies, 73 (1983), 160-68.

Scheidel, W., 'Human Mobility in Roman Italy, II: The Slave Population', Journal of Roman Studies, 95 (2005), 64-79.

Scheidel, W., 'Quantifying the sources of slaves in the early Roman Empire', Journal of Roman Studies, 87 (1997), 156-69.

Schiavone, A., Spartacus, trans. J. Carden, Cambridge, Mass.: Harvard University

参考文献

初期のテクストの優れた英訳は、Loeb Classical LibraryかPenguin Classicsでだいたい見つかります。ここに挙げた三冊の原典集にも古代の奴隷制に関する文献の選集が含まれています。ラテン語とギリシャ語のテクストもLoeb Classical Libraryで探すのが手早く、対訳も載っているので便利です。さらに完全な原典を参照したい場合は、Teubner叢書に当たってみるといいでしょう。

古代奴隷制に関する全般的参考書

Finley, M. I., Ancient Slavery and Modern Ideology, revised ed. by B. D. Shaw, Princeton, NJ: Markus Wiener Publishers, 1998.

Finley, M. I. (ed.), Classical Slavery, with a new introduction by W. Scheidel, London: Cass, 1999.

Garnsey, P., Ideas of Slavery from Aristotle to Augustine, Cambridge: Cambridge University Press, 1996.

Heuman, G., and Burnard, T., (eds), The Routledge History of Slavery, Abingdon, Oxon: Routledge, 2011.

原典集

Lewis, N., and Reinhold, M. (eds), Roman Civilization: A Sourcebook, New York: Harper Row, 1966.

Shelton, J., As the Romans Did: A Sourcebook in Roman Social History, Oxford: Oxford University Press, 1998.

Wiedemann, T. E. J., Greek and Roman Slavery, London: Croom Helm, 1981.

ローマ年表

年	出来事
前753	伝説の王ロムルスがローマを建設（伝承）
前509	王を追放し、貴族による共和政に移行
前494	平民を守る護民官制度の制定
前450	ローマ最古の成文法である十二表法を制定
前390	ガリア人の侵入
前287	ホルテンシウス法の制定で、平民会の決議が元老院の承認を得ず国法となる
前264	第一次ポエニ戦争（〜前241）
前241	シキリアを最初の属州にする
前218	第二次ポエニ戦争（〜前201）
前202	ザマの戦いでハンニバルに勝利
前184	大カトが監察官に就任
前149	第三次ポエニ戦争（〜前146）
	エジプト以外の地中海を制覇するも、従軍が続いたことで自由農民が没落
	大規模奴隷制農業が発展していく↓奴隷制の全盛期
前135	シキリアの奴隷反乱（〜前132）
前133	グラックス兄弟の改革
前82	スッラが終身独裁官になる（〜前79）
前73	スパルタクスの反乱（〜前71）
前63	キケロが執政官に就任
前60	カエサル、クラッスス、大ポンペイウスによる第一回三頭政治（〜前53）
前46	カエサルが反対勢力を破り、独裁官に就任

前44	ブルトゥスがカエサルを暗殺
前43	オクタウィアヌス、レピドゥス、アントニウスによる第二回三頭政治（～前32）
前31	アクティウムの海戦でオクタウィアヌスが勝利
前27	オクタウィアヌスが元老院からアウグストゥスの称号を得る ＝帝政のはじまり
後54	ネロ帝即位
後65	ピソによる陰謀に荷担したとして、セネカ（『怒りについて』など）と ペトロニウス（『サテュリコン』）が自殺
後79	ウェスウィウス山が噴火 ポンペイが埋没し、近隣にいた大プリニウス（『博物記』）が死亡したと言われる
後96～	五賢帝時代（～180） 五賢帝とは、ネルウァ帝、トラヤヌス帝、ハドリアヌス帝、アントニヌス・ピウス帝、 マルクス・アウレリウス・アントニヌス帝 この頃、タキトゥスが『ゲルマニア』『年代記』執筆
後193	セプティミウス・セウェルス帝即位 この頃、匪賊ブッラ・フェリクスの活躍
後217	教皇カリストゥス一世が即位
後235	皇帝が乱立する軍人皇帝時代（～284）
後284	ディオクレティアヌス帝が即位し、混乱を平定
後313	コンスタンティヌス帝がミラノ勅令を発し、キリスト教を公認
後392	キリスト教が国教になる
後395	ローマ帝国が東西分裂

解説　奴隷のあばれ方

栗原康

スパルタクス！　スパルタクス！　スパルタクス！　スパルタクス！　スパルタクス！　よし、奴隷反乱だ。とはいえ今回、編集者から「現代の労働は奴隷制か？」というお題をいただいたので、まずはそこからはじめよう。奴隷とはなにか。本書にかかれているように、奴隷とは主人に絶対服従を強いられ、社会的に死んでいる状態のことだ。戦争捕虜にされて、殺されないかわりに家族や友人、いっさいの社会関係からはきりはなされる。主人に生殺与奪の権をにぎられて、いやおうなく命令をきかされる。逆らったらムチうちの刑。いたいよ。

じゃあ、現代の労働はというとおなじことだ。いまだったら元留学生や元技能実習生などのはたらきかたがわかりやすいだろうか。ビザがきれてそれでも借金があったり、家族に仕送りがしたいとおもっていたら、パッとわるい会社に囲われてしまう。ボロボロの納屋みたいなところに放りこまれて、日本人がやらないようなキツイ仕事をやらされる。給料はあまりもらえない。生活費と称してピンハネされるんだ。体をこわしても家族や友人とは連絡がとれない。居場所がしれて不法就労で捕まりたくないからだ。逆らえない、逃げられない、いわれたことには絶対服従。奴隷状態だ。

もちろん程度の差はあるけれども、サラリーマンだっておなじことだ。この資本主義では、カネがないと生きていけないといわれている。それで会社ではたらいていたら、そりゃ資本家と労働者のあいだに主人と奴隷の関係がうまれてしまうだろう。だって、クビになったら死ぬとおもわされているのだから。主人なしでは生きていけない。生殺与奪の権をにぎられて、どんなにブラックなことでもやらされてしまう。絶対服従だ。それこそ三・一一のときみたいに、放射能がとびちって死ぬかもというときでも、出社してしまう。会社をまもれ。奴隷かよ。

どうしたらいいか。そんなことを考えるのに、もってこいなのがこの本だ。本書は古代ローマ貴族のマルクスが「奴隷のしつけ方」を語るというものである。ちなみに、マルクスは架空の人物なのだが、これがもう憎らしいくらい、とうとうと主人目線で奴隷のあつかいかたを説いていく。でもじつのところ、本書がおもしろいのは語られている奴隷のほうだ。こいつらキケンだ、注意しろといわれている奴隷たちがやたらいきいきと描かれている。語り手であるマルクスの意図をこえて、奴隷たちの声があばれだしていくんだ。いい意味で、ものがたりに亀裂がはしっている。それが本書の魅力だ。

では、どんな奴隷がいたのか。たとえばそう。豚のままくたばるか、野獣となって生きぬくか。スパルタクスだ。カプアで剣闘士をやらされていた奴隷のスパルタクスは、二〇〇人の仲間とともに蜂起する。かれらは日々、剣闘士として予測不能な闘いかたをしてきたものだから、めっちゃつよい。さいしょ剣闘場を逃げだすのに武器なんてなかったのだけど、食堂から串や包丁をうばいとる。そしてすかさず重武装のローマ兵に襲いかかっていくんだ。だれもそんな武器でくるとはおもっていないから、不意をつかれてザックザク。ご主人さまはみな殺しだ。

そのあと、三〇〇〇人のローマ兵にかこまれて、崖においつめられたスパルタクスたち。おっ、いいのがあるといって、野ブドウのツルをつたって下におりた。こんどは背後から、猛ダッシュでローマ兵を襲撃だ。圧勝である。これで名声をえたスパルタクス。道ゆくたびに、逃亡奴隷たちが合流してくる。でも人数があつまりすぎてなんと二〇万人。逃げ場もなく、ローマ軍とガチでやりあうことに。正面衝突だ。奮戦したものの、スパルタクスは戦死。奴隷軍はみな殺しにされてしまう。本書にあるように、捕虜になった六〇〇〇人はアッピア街道でハリツケだ。ファックだぜ。

さすがにガチでやりあうと、どれだけ人数をあつめてもローマ軍にやられてしまう。ならば、小集団だ。その後、ローマには盗賊ブッラというのがあらわれた。逃亡奴隷たちをまきこんで六〇〇人で徒党をくみ、なんどもローマの都市を襲撃。略奪につぐ略奪、そしてさらなる略奪だ。みんなを平等に食べさせる。追手がきてもつかまらない。逃げること、神のごとし。あるときは、自分を討伐にきたローマ軍のなかにしのびこみ、テコテコと隊長のところまでいって、「奴隷をちゃんと食わせろよ。そうすりゃ盗賊にもならない」とつたえたという。かっこいい。義賊だ。しかしさいごは不倫していた愛人に裏切られて、あえなく逮捕。猛獣のエサにされてしまった。あん畜生。

だがマルクスによれば、ほんとうにキケンなのは日常的な反抗だ。「自分、奴隷ですから」とかいって、頭がわるいふりをして仕事をサボる。あるいは、農地ではたらかせている奴隷のなかには、主人の資金をつかいこみ、バレないように帳簿をかきかえるやつもいる。つかいすぎたら、農地の一部を売ればいい。その何割かを懐にいれ、のこりは農作物の収益にくみこむ。金額だけみても気づかれない。もしバレそうになったら、三六計、逃げるにしかず。これが主人にとってはいちばん痛い。とおくに逃げられたらみつけることはできないし、捜索人を雇うにはカネがかかる。たとえみつかったとしても、罰をあたえすぎて死んでしまったら大損だ。奴隷最大の武器はなにか？　トンズラだ。

しかも奴隷の怖さは、そういう反抗の身ぶりを不可視のレベルで培っているということだ。たとえば、『イソップ物語』。イソップは奴隷だったひとで、そのものがたりには弱者が強者をコテンパンにするものがたくさんある。それが口承で語りつがれ、奴隷たちをヒャッハーと歓喜させてきた。フォークロアだ。きっと主人公にスパルタクスやブッラを重ねていたひともおおいだろう。それを自分なりにアレンジして、他の奴隷たちにつたえていく。口にだして主人公を演じていくんだ。くりかえしになるが、奴隷とは社会的死である。生きる意味も、名前もすべて主人によってあたえられる。そんな奴隷たちが想像のなかで、みずからに生きる意味をあたえ、名のりをあげていくんだ。ちょっといまから奴隷やめてきますと。アリさん、キリギリスさん。レッツ・ダンス！

そんなわけで、本書には「奴隷のあばれ方」があふれかえっている。現代の奴隷制を生きるわたしたちにとって、こんなにありがたいはなしはない。主人なしでは生きていけない？　ウソッパチだ。古代から、奴隷たちはあらゆる手を尽くして、主人をあざむこうとしてきた。しかもその技をどんどん磨きあげてきたんだ。はじめからカネと権力をもっている主人たちに真正面から攻撃をしかけても、みな殺しにされてしまう。だったら、非対称的な闘いをしかけるしかない。横領、略奪、サボリ、トンズラ。さらにさらにとフォークロアで奴隷を離脱。不可視になれ。この身体に染みついた奴隷の名をうち捨てろ。なんどでも問いたい。きみの名は？　スパルタクス！　スパルタクス！　スパルタクス！　スパルタクス！　スパルタクス！　スパルタクス！　われわれはみなスパルタクスだ。権力者どもにおもいしらせろ。奴隷の数だけ敵がいる。

本書は二〇一五年六月、太田出版より刊行された。

ちくま文庫

奴隷《どれい》のしつけ方《かた》

二〇二〇年四月十日　第一刷発行
二〇二四年九月五日　第七刷発行

著者　マルクス・シドニウス・ファルクス
解説　ジェリー・トナー
訳者　橘明美（たちばな・あけみ）
発行者　増田健史
発行所　株式会社　筑摩書房
東京都台東区蔵前二―五―三　〒一一一―八七五五
電話番号　〇三―五六八七―二六〇一（代表）
装幀者　安野光雅
印刷所　TOPPANクロレ株式会社
製本所　加藤製本株式会社

ISBN978-4-480-43662-7　C0122